# Tortenfieber

BACKEN MIT HELENA

HELENA PUTSCH

# Tartenfieber

## BACKEN MIT HELENA

BuchVerlag
für die Frau

Torten und Kuchen

16

Unverzichtbare
Kleinigkeiten

44

Leckeres
aus Brandteig

60

Baiser-Rezepte /
Zutaten & Füllungen
72

Dekoration
100

Tortenbau
122

# Backen ist Liebe

Backen ist für mich ein Ritual – und es ist Liebe. Doch nicht nur die mit dem Backen verbundene Kreativität macht glücklich, sondern auch das Teilen des Backergebnisses. Ein Kuchen oder eine Torte ist fast immer mit schönen Ereignissen verbunden: Eine Familie sitzt um den Tisch, ein Kind pustet die Kerzen aus, alle lächeln, der Kuchen wird angeschnitten und jeder bekommt ein Stück. Aber es ist nicht nur der Kindergeburtstag. Sondern auch die Silberhochzeit der Eltern. Der 80. Geburtstag der Großmutter. Die Taufe der Nichte. Ein jeder von uns hat dabei Bilder vor Augen, und fast immer spielt etwas Selbstgebackenes darin eine wichtige Rolle. Ein Kuchen bringt Menschen zusammen und lässt uns schöne Momente im doppelten Wortsinn genießen.

Der Grund fürs Backen kann aber auch viel banaler sein: Schnell mal einen Kuchen backen für den Sonntagnachmittag, für die Kinder nach der Schule, für die Frau zum Muttertag, für den Freund zum Abschied. Auch wenn sie nicht mit einem Meilenstein des Lebens verbunden ist, bedeutet die kreative Mischung von Eiern, Butter, Zucker und Mehl immer einen kleinen Sieg, ein Geschenk, ein Lob, ein Trostpflaster – auch für den Bäcker. Persönlich empfinde ich den ruhigen Prozess des Backens – vom Umbinden der Schürze bis zur letzten Verzierung auf der Torte – als extrem befriedigend. Und ich liebe es, dass ich (meistens) erst einmal für mich allein bin, später jedoch Familie oder Freunde daran teilhaben können.

Ich bin in Südafrika aufgewachsen und habe dort auf einem großen Bauernhof mit meinen Schwestern eine idyllische Kindheit verlebt – und in der Küche meiner Mutter die Liebe zum Backen entdeckt. Auf unserem Hof hatten wir Milchkühe und unsere eigene Milch sowie Butter und Sahne. An Früchten war ebenfalls kein Mangel. In einem Sommer hatten wir eine so reiche Erdbeerernte, dass wir kaum wussten, wohin damit. Schier endlos waren die Vorräte an Erdbeersirup, Erdbeereis, Erdbeermarmelade und Erdbeerkuchen.

Bei uns wurde immer viel gebacken, zum Beispiel warme Vollkorn-Muffins zum Frühstück an kalten Wintermorgen, frisches Bananenbrot mit Butter nach der Schule oder eine große Möhrentorte, wenn Besuch kam. Alles Standardrezepte meiner Mutter, die mich heute noch mit Wonne an diese unbeschwerte Zeit zurückdenken lassen. Schon als junges Mädchen probierte ich immer wieder Cupcakes nach einem ihrer Rezepte aus und verteilte diese dann an die Nachbarskinder. Nie vergessen werde ich aber die wirklich großartigen Geburtstagstorten meiner Mutter. Erst heute weiß ich wirklich, dass sie damit eigentlich „Ich liebe dich" sagen wollte, und schätze umso mehr ihre Mühe, die sie investiert hat, um mir eine Freude zu machen.

Backen ist für mich also auch Zuhause. Eine Rückkehr und ein Wiederentdecken der Heimat. Es fügte sich, dass meine Mutter vor einigen Jahren für mich und meine Schwestern unsere Lieblingsrezepte in einem Notizbuch aufgeschrieben hat. Mit Hilfe dieses kleinen und doch so wertvollen Büchleins habe ich angefangen, „richtig" zu backen und mich ernsthaft mit dem Backprozess zu beschäftigen. Erst war es nur ein Hobby für mich, inzwischen backe ich Hochzeitstorten für Freunde, entwickle neue Rezepte und teile meine Erfolge über soziale Netzwerke.

Nun freue ich mich riesig, dass ich mit diesem Buch sowohl die alten Familienrezepte meiner Mutter weitergeben kann als auch meine eigenen kreativen Backideen, die die traditionellen Kuchen und Torten noch einmal verwandeln.

Ich hoffe, dass Sie einfach Spaß in der Küche haben, sich vom „Tortenfieber" anstecken lassen und bald auch eigene Kreationen backen – natürlich mit viel Liebe.

*Ihre Helena*

ALLES FÜR DAS

Backabenteuer

Das richtige Werkzeug macht nicht nur Lust aufs Backen, es macht auch kreativ. Denn wer sich um die grundlegenden Dinge nicht mehr zu kümmern braucht, kann der Phantasie freien Lauf lassen. Ohne das nötige Equipment kann man einfach nicht gut arbeiten. Es muss nicht immer alles neu und teuer sein und man kann ein wenig improvisieren, doch ohne die folgenden Küchenhelfer würden meine Kuchen nicht gelingen. Die wichtigste Ausrüstung? Unsere fünf Sinne! Was man fühlt, schmeckt, riecht, sieht und (tatsächlich manchmal) hört, hilft oft mehr die Fähigkeiten als Bäcker zu verbessern als alle tollen Küchengeräte der Welt. Einfach die Hände in den Teig stecken, die Vanillecreme nach jedem Schritt probieren, den Karamell beim Köcheln riechen! Man sollte seine fünf Sinne nicht nur in der eigenen Küche, sondern überall nutzen: im Café, wenn man etwas Köstliches probiert, oder im Garten, wenn man etwas Schönes sieht oder riecht. Mit ein bisschen Kreativität kann man jeden Genuss in sein Backwerk einbinden. Das ist sozusagen Teil der „Küchen-Software", jetzt aber zur Hardware:

# AUSRÜSTUNG

## • Rührschüssel

Plastik ist in Ordnung für Kuchenteig, aber um Eiweiß zu schlagen, sollte die Schüssel aus Metall oder Glas sein. Warum? Plastik kann Fettspuren vom Teig absorbieren und Fett lässt Eiweiß nicht richtig steif werden. Ideal sind mehrere Schüsseln in verschiedenen Größen.

## • hitzebeständige Schüssel

Für eine Bain-Marie oder ein Wasserbad benötigen Sie eine Schüssel, die der Hitze des dampfenden Wassers standhalten kann.

## • dickbödiger Topf

Soßen, Bain-Maries oder Brandteig lassen sich am besten in einem Topf mit schwerem Boden zubereiten. Die dicke Metallschicht zwischen Herd und Topfinhalt erlaubt eine schonende und gleichmäßige Verteilung der Hitze.

## • Schneebesen

Um trockene Zutaten gründlich zusammen zu mischen und Treibmittel gut zu verteilen, ist ein Schneebesen wichtig. Man sollte auch wenigstens einmal Eiweiß oder Sahne mit dem Schneebesen steif schlagen.

## • Mixer

Ob Handmixer oder Küchenmaschine, ein Mixer ist unverzichtbar. Ich besitze beides, bevorzuge aber mein Handrührgerät, weil es mir mehr Flexibilität und eine Nähe zum Teig erlaubt.

## • Silikonspatel

Ich liebe diesen Küchenhelfer! Er ist so vielseitig und universell einsetzbar, auf ihn könnte ich gar nicht verzichten. Ich benutze ihn beim Unterrühren, um Schüsselränder zu säubern, um Teig auszuschaben oder zu glätten – und natürlich auch, um ihn abzulecken, wenn ich fertig bin.

• **Küchenwaage**

Eine digitale Küchenwaage ist am präzisesten, die Anschaffung lohnt sich!

• **Silikonmatte**

Eine Silikonmatte ist die beste Unterlage, um zum Beispiel Fondant und Zuckerpaste auszurollen, wenn man wie ich nur Holzoberflächen in der Küche hat. Sie kann auch als Ersatz für Backpapier, z.B. beim Plätzchenbacken, verwendet werden.

• **Silikon-Rollholz**

Genau wie die Silikonmatte hinterlässt das Silikon-Rollholz keine Abdrücke auf Fondant und Zuckerpaste und kann auch für andere Teige benutzt werden.

• **Ausstechförmchen**

Für die Scones (ab S. 46) benutze ich eine Ausstechform von 7 cm Durchmesser; mit einem Glas gelingt es jedoch auch.

• **Streichmesser**

Die auch Bäckermesser genannten Streichmesser oder eine Streichpalette (die es in verschiedenen Größen gibt) sparen viel Zeit und geben dem Kuchen ein professionelles Aussehen.

• **Zuckerthermometer**

Zucker- oder Lebensmittelthermometer sind unverzichtbar, um z. B. die exakte Hitze beim Zubereiten von Karamellcreme u. a. zu bestimmen.

• **Brotmesser**

Lieber immer ein Brotmesser verwenden, um Kuchen und Torten zu schneiden. Normale Trennmesser vermeiden, da sie den Kuchen eher reißen als durchschneiden.

• **Spritzbeutel**

Unverzichtbar für Baiser, Brandteig oder Kuchenfüllungen. Ohne ihn kommt man nicht weit. Am besten gleich ein hochwertiges Set kaufen, das ist eine gute Investition. Dieses Werkzeug hat in mir die Lust auf feine Patisserie geweckt.

• **Kuchenstützen**

Diese Stäbe werden benutzt, um eine mehrstöckige Torte zu stabilisieren. Sie werden in die unteren Stockwerke gesetzt, um das Absinken der oberen Stockwerke zu verhindern. Viele reagieren überrascht, wenn sie erfahren, dass Stöcke in ihrer Torte versteckt sind, aber ohne diese Helfer bekommt man im besten Fall eine schiefe Torte, im schlimmsten Fall eine, die umfällt.

Weitere wichtige Utensilien:

• Abkühlgitter/ Küchenrost
• Backformen
• Backpapier
• Holzlöffel
• Holzstäbchen
• Küchenpinsel
• Messbecher
• Messlöffel
• Mörser und Stößel
• Ofenhandschuhe
• Ofenthermometer
• Reibe
• Schere
• große Schneidemesser
• Zitronenschaber / feine Reibe

In diesem Buch benutze ich hauptsächlich Springformen mit einem Durchmesser von 15 bis 24 cm. Ich mag die kleineren Backformen, weil man damit Kuchen mit ungewöhnlichem Umfang backen kann. Ist der Durchmesser kleiner, kann man mehr in die Höhe arbeiten und die Kuchen sehen etwas dynamischer aus. Ich backe auch lieber ein bisschen weniger Kuchen als zu viel, dadurch ist die Abfallmenge geringer.

Neben den Springformen benötigt man ein gutes Backblech und Küchlein-Formen wie z.B. ein Muffinblech, Cupcake- oder Tartelett-Förmchen.

# BACKTIPPS

## • Genauigkeit

Bevor man beginnt, sollte das Rezept gründlich durchgelesen werden. Backen ist eine Kunst, wo es auf Genauigkeit ankommt, und die Anleitungen sollen helfen, die besten Resultate zu erreichen. Deshalb sollte man alle Zutaten wie angegeben abmessen.

Doch nicht nur die Mengenangaben, sondern auch die Hinweise sollten befolgt werden. Wenn „vorsichtig unterrühren" im Rezept steht, dann bedeutet das nicht, den Mixer einzusetzen, um Zeit zu sparen. Kuchenteig ist sehr sensibel, und so kann eine Menge schiefgehen auf dem Weg zum perfekten Kuchen.

## • Temperatur

Wenn im Rezept nicht anders angegeben, sollten alle Zutaten Zimmertemperatur haben. Das verringert die Gefahr, dass der Teig gerinnt.

## • Sauberkeit

Es macht immer mehr Spaß, in einer sauberen Küche zu arbeiten, und ich habe die Erfahrung gemacht, dass dadurch weniger Fehler passieren. Gerade beim Eiweißschlagen ist es besonders wichtig, dass alle Utensilien blitzblank sauber und fettfrei sind.

## • Holzstäbchenprobe

Um sicherzugehen, dass der Kuchen fertig ist, bevor man ihn aus dem Ofen nimmt, mit einem Holz- oder Kebab-Stäbchen in die Mitte des Kuchens stechen. Wenn es sauber herauskommt, ist der Kuchen fertig. Wenn aber noch etwas nasser Teig am Stäbchen klebt, sollte der Kuchen noch ein paar Minuten länger im Ofen backen.

## • Backformgröße

Eines der wichtigsten Elemente des Backens ist die richtige Backform für das jeweilige Rezept. Ich gebe zu, dass ich manchmal auch schon den Teig in die nächstbeste Form gekippt habe, weil ich entweder das Rezept nicht gründlich gelesen habe oder weil ich einfach nicht die Backform in der angegebenen Größe hatte. Manchmal hat es geklappt, manchmal wurde es ein Desaster.

**TIPP:** Probieren Sie verschiedene Backformgrößen aus, aber beachten Sie, dass nicht jeder Teig in jeder Form gleich aufgeht. Wenn die Form zu klein ist, kann der Kuchen, wenn er aufgeht, sein eigenes Gewicht nicht halten. Wenn die Form zu groß ist, wird das Gebäck zu flach und trocknet sehr schnell aus.

## Einfetten und Backpapier

Die besten und professionellsten Ergebnisse erzielt man mit einer richtig eingefetteten oder mit Backpapier ausgelegten Backform. Dafür schneide ich immer Backpapier zurecht und kleide die Form damit aus: ein rundes Stück für den Boden und ein breites Band für die Seiten/Ränder. Ich kann wirklich nicht genug betonen, wie wichtig diese Vorbereitung der Backform ist.

## Sieben oder Rühren?

Ein Profi würde mich bestimmt belächeln, aber ich mag Sieben nicht besonders gern. Lieber mische ich alle trockenen Zutaten (besonders Mehl, Salz und Backpulver) mit einem Schneebesen gut durch. Ich finde, dies verteilt das Treibmittel besser und bringt auch Luft ins Mehl. Probieren Sie beide Varianten und vergleichen die Ergebnisse.

## Schlagen und Unterheben

Schlagen bringt Luft in den Teig und vermischt die Zutaten optimal. Unterheben hat den gleichen Effekt, auf diese Weise bleiben aber die Luftblasen besser im Teig erhalten. Bei Unterheben von z. B. Eischnee bleibt der Teig dadurch schön fluffig und leicht.

## Ofen

Der Ofen sollte 15 Minuten lang vorgeheizt werden. Doch Vorsicht: Schiebt man den Kuchen genau dann hinein, wenn das Licht angeht, entweicht die ganze heiße Luft. Das kann das Backergebnis beeinträchtigen. Ein Ofenthermometer ist eine sehr empfehlenswerte Anschaffung, es zeigt meistens eine andere Temperatur an als der Ofen und macht Sie zu einem genaueren und damit besseren Bäcker.

## Umluft oder normale Ofenhitze

Ich backe in der Regel mit Umluft und bin sehr glücklich damit, aber ein Ofen nur mit Ober- und Unterhitze kann genauso gut funktionieren. Man sollte auf jeden Fall seinen Ofen gut kennen. Das gelingt nur mit Erfahrung und Beobachtung. Dabei hilft auch das oben genannte Thermometer.

### • Im Ofen

In meinem Ofen gibt es eine heiße Ecke und eine weniger heiße. Wenn ich nichts dagegen unternehme, haben meine Kuchen dadurch immer eine braunere Seite. Eine Lösung dafür ist, den Kuchen nach zwei Drittel der Backzeit zu drehen. Vorsicht! Nicht vorher, sonst könnte der Kuchen nicht richtig aufgehen.

### • 10-Minuten-Regel

Bei jedem Gebäck ist es wichtig, es nach dem Backen ruhen zu lassen. Meine ärgerlichsten Momente waren, als ich einen tollen Kuchen aus dem Ofen genommen habe und ihn in meiner Begeisterung zu früh aus der Form stürzen wollte. Kein Bäcker möchte, dass der halbe Kuchen in der Backform hängen bleibt. Deshalb immer mindestens 10 Minuten warten, bevor man die Form stürzt.

### • Lagern

Bei Zimmertemperatur halten Kuchen mehrere Tage. Ich denke, maximal 3 Tage sind am besten. Rührkuchen sollte man nicht im Kühlschrank lagern, da die Stärkemoleküle bei kühlen Temperaturen die Feuchtigkeit schneller rauspressen und der Kuchen dadurch seine Leichtigkeit verliert. Im Tiefkühlfach sind solche Vorgänge komplett angehalten und Kuchen kann mehrere Wochen gefroren gelagert werden. Dafür das Gebäck gut in Folie einwickeln und bei Zimmertemperatur wieder auftauen. Das ist besonders hilfreich, wenn man eine größere Torte backen will, aber nicht genug Zeit oder Kapazitäten hat, mehrere Schichten gleichzeitig zu backen.

# RÜHRKUCHEN – GRUNDWISSEN

Lassen Sie sich nicht abschrecken, wenn das Kapitel ein wenig an den einstigen Chemieunterricht erinnert. Wenn Sie diese Schritte verstanden haben, werden Sie besser backen können, besser Rezepte adaptieren, und wenn etwas schief gehen sollte, werden Sie vielleicht die Ursache verstehen. Dieses Wissen hilft enorm, glauben Sie mir!

### • Schritt 1. Fett und Zucker

Beim Zusammenschlagen von Butter und Zucker entstehen Zuckerkristalle im Fett, wo sie kleine Luftblasen einfangen. Diese Blasen sind die Basis eines Rührkuchens. Raffinierter Zucker ist dafür am besten geeignet, weil die kleinen Kristalle mehr Blasen einfangen. All diese Blasen füllen sich mit ausbreitendem Gas und Dampf im Ofen und bewirken, dass der Kuchen aufgeht und eine leichte Textur hat.

Dieses Zusammenschlagen dauert ungefähr 5 Minuten, bis der Teig heller und fluffig wirkt. Man sollte am besten langsam anfangen und dann schneller rühren, sonst platzen die Luftblasen.

**TIPP:** Manchmal ersetze ich das Backpulver durch Natron und einen Schuss Essig und beobachte die Ergebnisse. Es hilft, wenn im Teig noch eine Säure ist, wie zum Beispiel Joghurt oder Buttermilch, die diesen Prozess weiterführt.

## Schritt 2. Eier

Die hinzugefügten Eier schließen die Luftblasen und bringen Proteinmoleküle in den Kuchen, die die Struktur stärken. Eier immer nur leicht unterrühren, nicht mit Kraft hineinschlagen!

## Schritt 3. Mehl, Backpulver, Flüssigkeit

**Mehl** bildet das Gluten – auch eine wichtige Zutat für die Teigstruktur. Nachdem das Mehl hinzugefügt worden ist, muss nicht viel geschlagen werden, sonst entwickelt sich zu viel Gluten und der Kuchen wird schwer und zäh. Denken Sie an Brot und wie sich durch Kneten das Gluten im Brot entwickelt. Das Gegenteil ist erforderlich bei Rührkuchen.

**Backpulver** sollte gründlich mit dem Mehl vermischt werden, am besten mit einem Schneebesen, das sorgt für einen gleichmäßig aufgehenden Kuchen. Backpulver ist eine Mischung aus Natron und einer Säure. Wenn es mit einer Flüssigkeit in Kontakt kommt, produziert es Kohlenstoffdioxide.

**Flüssigkeit** wird beim Backen zu Dampf, der den Kuchen aufgehen lässt.

## Schritt 4. Backen

Wenn der Kuchen im Ofen heiß wird, breiten sich die Gase in den Luftblasen aus und lassen diese wiederum größer werden. Dadurch wird das Gluten gestreckt. Gleichzeitig reagieren die Säuren und Basen im Backpulver und treiben (daher *Treib*mittel) diesen Vorgang weiter.

Bei steigender Temperatur fangen die Flüssigkeiten an zu dampfen und die Blasen werden noch größer. Irgendwann gerinnen die Eier und die Struktur des Kuchens steht. Der Zucker karamellisiert und verleiht dem Kuchen eine schöne Bräune. Hier ist die Ofentemperatur von großer Bedeutung! Wenn die Temperatur im Ofen richtig ist (Ofenthermometer verwenden), dehnen sich die Luftblasen aus, während die Eier gerinnen, und schließen sich dann wieder. Wenn das nicht gleichzeitig passiert, wird der Kuchen platzen.

Wenn der Ofen zu heiß ist, bäckt der Rand vor der Mitte des Kuchens. Wenn es zu kalt ist, schmilzt das Fett und lässt die Luft raus, bevor die Struktur sie festhalten kann. Der Kuchen fällt in sich zusammen.

VERFÜHRUNG PUR

# Torten und Kuchen

# NAKED CAKE:

# Vanille-Biskuit-Torte

# MIT FRISCHEN SOMMERBEEREN

Das ist die perfekte Sommertorte! Die Leichtigkeit des Teigs und die warme Vanillenote werden durch die luftige Sahne perfekt unterstützt, während die Säure der Beeren alles verfeinert. Diese drei Geschmackskomponenten kommen immer gut an, und der Kontrast von Beerenfarben und Weiß ist einfach verführerisch.

Fazit: Hier kann man nichts falsch machen und dieses Rezept ist so vielseitig anwendbar wie fast kein anderes im Buch. Mit etwas geriebener Zitronenschale erhält man eine völlig andere, ebenfalls leckere Torte. Und im Herbst sollte man sie auch mal mit gegrillten Steinfrüchten statt mit Beeren probieren und noch warm genießen!

Zubereitungszeit: **ca. 20 Minuten**
Backzeit: **ca. 30 Minuten**
Dekorationszeit: **ca. 15 Minuten**

## • Teig

330 g Mehl

1 ½ EL Backpulver

320 g Zucker

1 Prise Salz

175 g Butter
(Zimmertemperatur)

3 Eier

180 ml Milch

1 ½ TL Vanille-Essenz
(Rezept S. 96) oder
½ TL gemahlene Vanille

❚ Backofen auf 180 °C vorheizen. 2 x 20 cm Ø Kuchenformen einfetten und mit Backpapier auskleiden.

❚ Mehl, Backpulver und Zucker in einer Schüssel mit dem Schneebesen gut vermischen. Die Butter dazugeben und mit dem Rührgerät mischen, bis der Teig krümelig aussieht. Die Eier eins nach dem anderen dazugeben und kurz untermischen. Die Milch, Vanille und eine Prise Salz hinzufügen und den Teig ein paar Minuten lang schlagen, bis er heller und cremig wird.

❚ Den Teig in den Backformen gleichmäßig verteilen und ungefähr 30 bis 35 Minuten backen – oder bis er die Holzstäbchenprobe (siehe Backtipps S. 12) bestanden hat.

❚ Die zwei Böden in den Formen 10 Minuten abkühlen lassen, bevor man sie herausnimmt. Dann auf einem Kuchengitter komplett abkühlen lassen, bevor man sie füllt und verziert. Am besten ist es, damit bis kurz vor dem Servieren zu warten.

>>>

● Füllung und Dekoration

500 ml Schlagsahne

500 g frische Beeren
(Himbeeren, Heidelbeeren,
Erdbeeren, Brombeeren und/
oder Johannisbeeren)

▌ Wenn nötig, die Böden flach schneiden (siehe Backtipp S. 128).

▌ Dann die Schlagsahne in einer Schüssel steif schlagen. Die Hälfte gleichmäßig über den ersten Boden verteilen und ein paar Beeren als Stütze für die obere Kuchenschicht darauf verteilen (die Sahne ist nicht dicht genug, das Gewicht des Kuchens zu halten). Den oberen Boden daraufsetzen und mit der restlichen Sahne bestreichen. Nun mit den restlichen Beeren und eventuell frischen Blüten verzieren.

# NAKED CAKE

▌ Es gibt zurzeit fast keine Hochzeit, wo der sogenannte *nackte Kuchen* nicht zu sehen ist. Meistens heißt das nur, dass die Seiten des Kuchens unverziert bleiben. In den letzten Jahren geht der Trend weg von perfekten Fondant-Torten hin zu entspannten, rustikalen Kuchen. Für viele ist Fondant überflüssig, da sie ihn für zu süß halten. Das ist nun Geschmackssache. Aber der *Naked Cake* hat sich inzwischen als fester Favorit unter jungen Bräuten etabliert. Er hat viele Vorteile: er ist kostengünstiger und weniger aufwändig, wenn man ihn selbst machen will, und trotzdem ist er schön, modern und ein Hingucker.

▌ Zutaten sowie Dekoration können an jede Jahreszeit angepasst werden, für etwas Herbstliches empfehle ich einen eher würzigen Kuchenteig und zur Dekoration Feigen, Kumquats und Pflaumen. Im Sommer sind Himbeeren, Johannisbeeren etc. natürlich wunderschön. Oder man macht es eher modern-minimalistisch und sorgt mit einigen wenigen gut platzierten Blüten oder Obststücken für den passenden Ton. Einen Retro-Look gewinnt man mit Baiserfiguren oder farbigen Streuseln.

# RITAS
# Nuss-Möhren-Torte
## MIT ZIMT UND INGWER

Wie ich schon im Vorwort schrieb, hat unsere Mutter meinen Schwestern und mir ein Büchlein geschenkt, in dem sie all unsere Lieblingsrezepte aufgenommen hat, darunter alle Kuchen und Torten, die wir aus unserer Kindheit kennen und mit ihr und (dem einstigen) Zuhause verbinden.

Das Rezept für die Nuss-Möhren-Torte habe ich von ihrem Möhrenkuchen adaptiert – und ich hoffe, sie wird dem Original gerecht. Eine tolle, warm gewürzte, reichlich nussige Herbsttorte, die ein absoluter Genuss ist.

**Zubereitungszeit: ca. 25 Minuten**
**Backzeit: ca. 30 Minuten**
**Dekorationszeit: ca. 30 Minuten**

### • Teig

5 Eier

400 g Zucker

220 ml Olivenöl

2 EL Naturjoghurt

230 g Mehl

2 TL Backpulver

1 TL Natron

1 TL gemahlener Zimt

1 TL gemahlener Ingwer

1 Prise Salz

5 mittelgroße geriebene Möhren

1 Handvoll grob gehackte Hasel- oder Walnüsse

▌ Backofen auf 180 °C vorheizen. 3 Backformen à 20 cm Ø einfetten und mit Backpapier auskleiden.

▌ Eier und Zucker ca. 3 Minuten lang cremig schlagen, bis die Masse heller wird und sich das Volumen verdoppelt hat. Öl und Joghurt dazugeben und nochmal kräftig schlagen. In einer separaten Schüssel Mehl, Natron, Gewürze, Backpulver und Salz mischen. Die trockenen Zutaten dann vorsichtig unter die Eier-Joghurt-Mischung rühren. Die geriebenen Möhren und gehackten Nüsse unterrühren.

▌ Den Teig gleichmäßig auf die 3 Backformen verteilen und 25 bis 30 Minuten backen oder bis sie die Holzstäbchenprobe (siehe Backtipps S. 12) bestanden haben. Während die Böden backen, die Frischkäse-Buttercreme (Rezept S. 88) vorbereiten.

>>>

- Füllung und Dekoration

  Frischkäse-Buttercreme
  (Rezept S. 88)

  1 Handvoll grob gehackte
  Hasel- oder Walnüsse

  ganze Nüsse, Früchte und/oder
  Blüten (nach Geschmack)

❚ Nach dem Backen die Böden in ihren Formen 10 Minuten abkühlen lassen, bevor man sie herauslöst. Dann auf einem Kuchengitter komplett abkühlen lassen, bevor man sie füllt und verziert. Auf jeden Boden erst eine dünne Schicht Buttercreme auftragen, um die Krümel aufzufangen und dann eine zweite, um den Kuchen komplett zu verdecken. Böden aufeinandersetzen, einmal mit Buttercreme rundherum bestreichen. Den unteren Rand der Torte mit gehackten Nüssen bestreichen sowie mit Nüssen, Früchten (Physalis passen besonders gut) und getrockneten Blüten dekorieren.

# Schokoladen-Torte

## IN 3 SCHICHTEN MIT HIMBEERFÜLLUNG UND GOLDGLANZ

**Zubereitungszeit: ca. 25 Minuten**
Backzeit: **ca. 35 Minuten**
Zubereitungszeit Füllung:
**ca. 20 Minuten**
Dekorationszeit: **ca. 20 Minuten**

- **Teig**

  260 g Butter
  (Zimmertemperatur)

  420 g Zucker

  4 Eier

  430 g Mehl

  3 TL Backpulver

  35 g Kakao

  1 Prise Salz

  ½ TL gemahlene Vanille /
  1 TL Vanille-Essenz
  (Rezept S. 96)

  240 ml Milch

  100 ml Naturjoghurt

- **Füllung und Dekoration**

  Himbeer-Coulis (Rezept S. 94)

  Ganache (Rezept S. 98)

  Glanzpuder (S. 110)

▌ Backofen auf 180 °C vorheizen. 3 Backformen mit 15 cm Ø einfetten und mit Backpapier auskleiden.

▌ Für die **Böden** Butter mit Zucker ca. 4 Minuten lang cremig schlagen. Eier einzeln nacheinander aufschlagen und dazugeben, kurz verrühren.

▌ In einer anderen Schüssel Mehl, Backpulver, Kakao und Salz mit einem Schneebesen gut vermischen. Trockene Zutaten zum Butter-Zucker-Mix geben und alles kurz miteinander verschlagen. Milch und Joghurt dazugeben und den Teig schlagen, bis er schön glatt ist.

▌ Den Teig in die Formen füllen und ca. 35 Minuten backen. Stäbchenprobe.

▌ Während die Böden backen und abkühlen, die **Ganache** (S. 98) und das **Himbeer-Coulis** (S. 94) zubereiten. Wenn die Böden vollkommen abgekühlt sind, aus den Formen nehmen und so schneiden, dass die Oberflächen gerade sind. Den ersten Boden mit einer dicken Schicht Ganache bestreichen. Den Seitenrand etwas höher lassen als die Mitte und diese mit **Himbeer-Coulis** füllen (siehe Anleitung S. 130). Den nächsten Boden daraufsetzen und diesen Prozess für die nächste Schicht wiederholen. Zum Schluss erst eine dünne Schicht Ganache auf die Torte geben, um die Krümel aufzufangen und dann eine zweite, um die Torte richtig zu bedecken.

▌ Weil diese Torte so intensiv schokoladenbraun ist, finde ich einen kleinen Kontrast mithilfe von **Gold-Glanzpuder** richtig schön! (siehe S. 110)

# NUSSIGE Bananen-Schoko-Torte

Auch dieses Rezept habe ich von meiner Mutter – und leicht abgewandelt. Ich liebe Gebäck, in dem sich Nüsse und Schokolade miteinander vereinen. Nach Lust und Laune gebe ich auch eine Handvoll gehackte Trockenaprikosen hinein. Die Säure der Früchte zusammen mit der leicht bitteren Schokolade ist köstlich. Wir kannten das Rezept eigentlich als *Bananenbrot,* Mutter hat es für uns immer in einer Kastenform gebacken. Frisch aus dem Ofen mit einer dicken Schicht Lemon Curd darauf, war es für uns nach der Schule ein Genuss.

Aber mit Frischkäse-Buttercreme oder gesüßtem Mascarpone und frischen Früchten ist es eine Prachttorte! So eignet sich jedes recht praktisch-häusliche Rezept auch für etwas Edles – es braucht nur die richtigen „Accessoires" …

Zubereitungszeit: **ca. 30 Minuten**
Backzeit: **ca. 35 Minuten**
Zubereitung Füllung:
**ca. 20 Minuten**
Dekorationszeit: **30 Minuten**

- Teig

| |
|---|
| 250 g Mehl |
| 5 g Natron |
| 1 Prise Salz |
| 125 g Butter |
| 200 g Zucker |
| 2 Eier |
| ½ TL gemahlene Vanille / 1 TL Vanille-Essenz (Rezept S. 96) |
| 25 ml Joghurt |
| 6 Bananen, zerquetscht |
| ½ Tasse gehackte Haselnüsse |

▌ Backofen auf 180 °C vorheizen. 3 Backformen à 15 cm Ø einfetten und mit Backpapier auskleiden.

▌ Mehl, Natron und Salz in einer Schüssel verrühren und beiseite stellen.

▌ Butter mit Zucker ca. 4 Minuten lang cremig schlagen. Die Eier einzeln dazugeben und kurz unterrühren, Joghurt und Vanille dazugeben. Bananen und Nüsse unterrühren und zuletzt die Mehl-Mischung dazugeben. Den Teig schlagen, bis er schön glatt ist.

▌ Den Teig in die Backformen geben und ca. 35 Minuten backen oder bis die Böden die Holzstäbchenprobe (siehe Backtipps S. 12) bestanden haben.

▌ Während die Böden backen, die Creme (S. 88) und die Ganache (S. 98) zubereiten.

>>>

>>>

● **Füllung und Dekoration**

Frischkäse-Buttercreme
(Rezept S. 88)
oder Mascarpone (Rezept S. 98)

Schokoladen-Ganache
(Rezept S. 98)

▌ Wenn die Böden vollkommen abgekühlt sind, aus den Formen nehmen und die Oberflächen gerade schneiden. Böden füllen und verzieren (siehe Anleitung S. 130).

▌ Die Torte ca. 15 Minuten in den Kühlschrank stellen. In der Zeit die Ganache erwärmen, so dass sie zum Gießen flüssig genug ist. Die gekühlte Torte herausnehmen und einige Esslöffel von der flüssigen Ganache darübergeben. Mit der Hinterseite eines Löffels vorsichtig ein wenig von der Ganache zum Kuchenrand schieben, bis sie heruntertropft. In regelmäßigen Abständen wiederholen.

▌ Mit Obst und Nüssen dekorieren.

# Zartbitter-Mandel-Torte

## MIT KARAMELLCREME

Diese Torte mag vielleicht nach außen nicht ganz so prachtvoll sein wie manch andere in diesem Buch, aber die Schlichtheit täuscht! Intensive Geschmacksrichtungen von Zartbitterschokolade bis hin zu Karamell harmonieren hier prächtig. Dekadenz pur!

Zubereitungszeit: **ca. 30 Minuten**
Backzeit: **ca. 30 Minuten**
Dekorationszeit: **ca. 20 Minuten**
Zubereitung Füllung:
**ca. 25 Minuten**

### • Teig

200 g Zartbitterschokolade
(min. 70 % Kakaogehalt)

200 g Butter

4 Eier

150 g Zucker

40 g Mandeln oder Haselnüsse
(gemahlen)

2 EL Rum (wahlweise)

50 g Mehl

1 Prise Salz

### • Glasur und Dekoration

100 g gehackte Nüsse

Karamellcreme (Rezept S. 90)

▌ Backofen auf 180 ° C vorheizen. Eine Kuchenform von 20 cm Ø einfetten und mit Backpapier auskleiden.

▌ Schokolade und Butter in einer Bain-Marie (Wasserbad) schmelzen. Vom Herd nehmen und kurz glatt rühren. Eier einzeln dazugeben, kräftig schlagen, dann die Mandeln, den Zucker und den Rum unterrühren. Zuletzt Mehl und Salz zufügen und alles zu einem glatten Teig verrühren.

▌ Den Teig in die Kuchenform geben und ca. 30 Minuten backen oder bis er die Holzstäbchenprobe (siehe Backtipps S. 12) bestanden hat. Den Kuchen auf einem Kuchengitter mindestens 10 Minuten abkühlen lassen.

▌ Die gehackten Nüsse in eine Pfanne geben und bei mittlerer Hitze bräunen. Karamellcreme (S. 90) zubereiten und etwas abkühlen lassen. Dann löffelweise auf den abgekühlten Kuchen geben und die gebräunten Nüsse darauf streuen.

# Pistazien-Mandel-Nuss-Torte

## MIT ROSENBLÜTEN (GLUTENFREI)

**Zubereitungszeit: ca. 30 Minuten**
**Backzeit: ca. 45 Minuten**
Zubereitung Dekoration:
**ca. 15 Minuten**

### • Teig

je 50 g gemahlene Pistazien
und Haselnüsse

250 g gemahlene Mandeln

220 g Zucker

120 g Butter
(Zimmertemperatur)

1 Prise Salz

2 Eier

250 g griechischer Joghurt

1 TL Zimt

1 TL Backpulver

75 g gehackte Pistazien

### • Dekoration

kandierte Rosenblüten

200 g griechischer Joghurt

❚ Backofen auf 180 ° C vorheizen. Eine Kuchenform von 20 cm Ø einfetten und mit Backpapier auskleiden.

❚ In einer Schüssel die gemahlenen Nüsse gut vermischen, dann die Nüsse mit einem Holzlöffel mit Zucker, Butter und Salz vermischen. Die Hälfte dieser Mischung in der Kuchenform verteilen und mit der Rückseite von einem Esslöffel fest andrücken. Die restliche Mischung mit Eiern, Joghurt, Zimt und Backpulver verrühren. Diese Masse ebenfalls in die Kuchenform geben und die gehackten Pistazien darüberstreuen.

❚ Ca. 45 Minuten backen (Holzstäbchenprobe, siehe Backtipps S. 12). Dann auf einem Kuchengitter mindestens 10 Minuten abkühlen lassen und aus der Form nehmen. Wenn der Kuchen vollkommen abgekühlt ist, mit kandierten Rosen dekorieren (Anleitung S. 106) und mit griechischem Joghurt servieren.

# HASELNUSS-SCHOKOLADEN-
# *Himbeer-Pavlova*

Ich erinnere mich noch gut an das allererste Mal, als ich eine Pavlova gegessen habe: Meine gute Freundin Emma hatte sie für unsere Weihnachtsfeier in Kapstadt zubereitet. Der perfekte Abschluss für einen lauen Sommerabend, leicht und dekadent zugleich. Ich habe mir sofort das Rezept geben lassen und seitdem in den verschiedensten Varianten ausprobiert. Diese hier ist meine liebste!
Versuchen Sie ruhig noch andere Alternativen: z. B. mit frischen Kirschen und Kirschwasser in der Sahne als *Schwarzwälder Pavlova* oder mit *Lemon Curd-Sahne*. Wichtig ist, dass man eine saure Frucht verarbeitet, um die Süße des Baisers auszugleichen.

Zubereitungszeit: **ca. 35 Minuten**
Backzeit:
**ca. 1,5 Stunden + Ruhezeit im Ofen**
**= insges. ca. 2,5 Stunden**
Dekorationszeit: **ca. 20 Minuten**
Zubereitung Füllung:
**ca. 20 Minuten**

## • Teig

6 Eiweiß

300 g Zucker

1 ½ EL Kakao

1 EL Speisestärke

2 EL gemahlene Haselnüsse

1 TL Zitronensaft

❚ Ofen auf 180 °C vorheizen und auf ein Stück Backpapier zwei Kreise mit 23 cm Durchmesser zeichnen. Mindestens 5 cm Abstand zwischen den Kreisen lassen.

❚ Eiweiß in einer Metallschüssel zu einem lockeren Schnee schlagen, bis sich weiche Spitzen formen. Den Zucker langsam dazugeben, einen Esslöffel nach dem anderen, während man weiterschlägt, bis der Schnee steif wird.

❚ Kakao, Speisestärke und Haselnüsse in einer Schüssel vermischen und mit Zitronensaft vorsichtig unter den Eischnee rühren, bis alles gut vermischt ist.

❚ Die Eiweißmischung in die Kreise auf das Backpapier löffeln und fast bis zum Kreisrand ausbreiten, dabei möglichst gleichmäßig verteilen. Mit einem Löffel oder Spatel die Ränder leicht nach oben formen. Eine leichte Delle in die Oberfläche drücken, sodass die Sahne später Halt findet.

>>>

● Füllung und Dekoration

400 ml Schlagsahne

½ TL Vanille-Essenz
(Rezept S. 96)

400 g Himbeeren
oder andere Beeren

1 Handvoll Schokoraspeln

Himbeer-Coulis (Rezept S. 94)

▌ Die Kreise in den Ofen schieben und die Ofentemperatur sofort auf 150 °C reduzieren. Die Baiserböden 1,5 Stunden lang backen, den Ofen abschalten und ohne die Ofentür zu öffnen, die Böden noch eine weitere Stunde darin lassen. Dann herausnehmen, die Ränder sollten knusprig sein und die Mitte noch etwas weich. Komplett abkühlen lassen.

▌ Die Sahne steif schlagen und direkt vor dem Servieren großzügig auf den ersten Boden löffeln und auch ein paar Himbeeren als Stütze für den oberen Boden darauf verteilen, wahlweise auch mit Schokoraspeln bestreuen.

▌ Den zweiten Boden auflegen, die restliche Sahne und Himbeeren darauf verteilen und mit Schokoraspeln verzieren. Mit Himbeer-Coulis (S. 94) servieren.

**TIPP:** Man kann einen Kreis auch etwas kleiner machen, um der Torte eine Stufenform zu geben.

# Orient-Schokotorte
## MIT INGWER UND KARDAMOM

Diese Torte ist einfach nur extrem lecker. Sie hat eine wunderbare Struktur und durch die Milch wird sie unglaublich feucht und fluffig. Die orientalischen Gewürze machen die Torte warm und exotisch, die Baiser-Buttercreme mit ihrer seidigen Süße ist die perfekte Begleitung dazu.

Zubereitungszeit: **ca. 20 Minuten**
Backzeit: **ca. 30 Minuten**
Dekorationszeit: **ca. 20 Minuten**
Zubereitung Füllung:
**ca. 20 Minuten**

### • Teig

115 g Butter

280 g Zucker

2 Eier

325 g Mehl

35 g Kakao

5 g Zimt

5 g Ingwer

3 g Muskatnuss

3 g Kardamom

250 ml Milch

1 TL Zitronensaft

5 g Natron

1 TL Essig

▌ Backofen auf 180 °C vorheizen. Zwei Backformen von 16 cm Ø einfetten und mit Backpapier auskleiden.

▌ Die Butter mit Zucker ca. 4 Minuten lang cremig schlagen. Die Eier einzeln dazugeben und untermischen. Mehl, Kakao und Gewürze in einer Schüssel verrühren, zum Teig geben und ebenfalls unterschlagen. Milch und Zitronensaft in den Teig geben. Natron in einer kleinen Schüssel mit Essig mischen und ebenfalls sofort in den Teig geben und unterrühren. Das Ganze zu einem glatten Teig schlagen und auf die zwei Backformen verteilen.

▌ Böden ca. 30 Minuten backen oder bis die Böden die Holzstäbchenprobe (siehe Backtipp S. 12 bestanden haben. Auf einem Kuchengitter mindestens 10 Minuten abkühlen lassen.

▌ Die Schweizer Buttercreme auftragen (Rezept S. 89, Anleitung S. 130) und mit frischen ungespritzten Blüten dekorieren.

**TIPP:** Für zwei Backformen (20 cm Ø) dieses Rezept in der anderthalbfachen Menge zubereiten und auf die Backformen verteilen.

# RHABARBER-MASCARPONE-
# Quarktorte

Meine Liebesaffäre mit Mascarpone hat sich sehr schnell auf alle Bereiche meiner Backwelt ausgewirkt. Ich kann nicht genug von dieser weichen Creme kriegen. Und da Mascarpone auch ein Käse ist, ich ihn aber nie zuvor in einem Käsekuchen geschmeckt habe, musste er in das Rezept für meine Quarktorte.

Das Ergebnis ist umwerfend: Man bekommt eine leckere, geschmeidige Quarktorte, zu der die blumige Säure des Rhabarbers hervorragend passt. Und wenn gerade keine Rhabarber-Saison ist, passen auch Lemon Curd, Himbeer-Coulis oder – für noch mehr Dekadenz – Schoko-Ganache als Oberschicht dazu! Alle Rezepte dafür finden Sie in diesem Buch.

Zubereitungszeit: **ca. 40 Minuten**
Backzeit: **ca. 3,5 Stunden**
**(Back- und Kühlzeit)**
Dekorationszeit: **ca. 10 Minuten**

## • Teig

170 g Butterkekse (passend zur Ganache-Oberschicht empfehle ich Schoko-Butterkekse)

100 g zerlassene Butter

▍ Ofen auf 150 °C vorheizen, Springform (26 cm Ø) einfetten.

▍ Für den Boden die Kekse in einem Mixer ein paar Sekunden lang zu Krümeln verarbeiten. Dann in einer Schüssel die Krümel mit der flüssigen Butter mischen, in die Springform geben und mit den Fingern oder einem großen Löffel fest andrücken, um einen festen Boden zu bekommen.

▍ Frischkäse, Zitronenschale und Zucker ein paar Minuten mit dem Handrührgerät auf niedriger Stufe mixen, bis die Masse ganz glatt und geschmeidig geworden ist. Die Eier einzeln dazugeben. (Die Schüsselseiten ständig abkratzen und sauber halten.) Dann die saure Sahne und Mascarpone unterrühren.

▍ Wenn alles gut vermischt ist, die Käsemasse in die Springform geben. 1,75 Stunden (1 Stunde plus 1 Dreiviertelstunde) backen, Temperatur ausstellen und danach (ohne den Ofen zu öffnen!) noch 1,5 Stunden im Ofen ruhen lassen.

>>>

❚ Den Kuchen aus dem Ofen nehmen und vollkommen auskühlen lassen, am besten über Nacht im Kühlschrank lassen.

❚ Für die Rhabarberschicht die Rhabarberstangen gut wa-
schen, schälen und in grobe Stücke schneiden. Die Stücke mit
der Marmelade auf ein Backblech geben, das Blech fest mit
Alufolie zudecken und ca. 20 Minuten bei 150 °C backen, bis
alles weich ist. Die Rhabarberstücke herunternehmen, die Soße
vom Backblech in einem schwerbödigen Topf köcheln lassen,
bis sie dick wird. Dann den Rhabarber auf dem fertigen, kühlen
Kuchen arrangieren und den Rhabarbersirup darüber gießen.

● Füllung

900 g guter Frischkäse

abgeriebene Schale von
1 Zitrone

abgeriebene Schale von
1/2 Orange

200 g Zucker

4 Eier

200 ml saure Sahne

250 ml Mascarpone

250 g frischer Rhabarber

25 g gute Himbeermarmelade

# UNVERZICHTBARE

## Kleinigkeiten

# KLASSISCHE
## englische Scones

Scones sind ein typisch britisches Gebäck, leicht und fluffig und sehr einfach zuzubereiten. Die Zutaten dafür hat man meistens zuhause und sie sind in einer knappen halben Stunde schon auf dem Tisch. Am besten sollte man sie mit Bergen von Sahne genießen und im Sommer mit frischen Kirschen! Dazu gibt's natürlich Tee.

Zubereitungszeit: **ca. 15 Minuten**
Backzeit: **ca. 20 Minuten**
Dekorationszeit: **ca. 10 Minuten**

- **für ca. 15 Stück**
- **Teig**

  500 g Mehl

  2 TL Backpulver

  1 Prise Salz

  100 g Zucker

  100 g Butter (kalt, gewürfelt)

  2 Eier

  200 ml Milch

  1 Ei und Sahne
  zum Bestreichen

- **dazu**

  500 ml Schlagsahne

  wahlweise ½ TL Vanille-Essenz
  (Rezept S. 96)

  gute Himbeer- oder Erdbeermarmelade

▌ Backofen auf 180 °C vorheizen. Ein Ofenblech mit Backpapier belegen.

▌ Mehl, Backpulver, Salz und Zucker in einer Schüssel mit dem Schneebesen verrühren. Die kalte Butter mit den Fingerspitzen in die Mehlmischung reiben, bis es ein krümeliger Teig wird.

▌ Die Eier in der Milch gut verrühren und zum Teig geben, mit einem Buttermesser das Ganze bearbeiten. Den Teig kurz mit den Händen kneten, ggf. ein wenig Mehl dazugeben, wenn der Teig zu nass ist.

▌ Etwas Mehl auf eine saubere, kühle Fläche streuen und den Teig etwa 5 cm dick darauf ausrollen. Mit einer Ausstechform Kreise ausstechen und auf das Backblech legen. Ein Ei und Sahne verschlagen und mit einem Küchenpinsel auf die Kreise streichen.

▌ Scones ca. 20 Minuten backen, bis sie eine leicht goldene Farbe bekommen. Auf einem Kuchengitter kurz abkühlen lassen.

▌ Direkt vor dem Servieren die Sahne mit Vanille steif schlagen und die Scones noch leicht warm löffelweise mit Sahne und Marmelade genießen.

# Schokoladen-Scones

Zubereitungszeit: **ca. 15 Minuten**
Backzeit: **ca. 20 Minuten**
Dekorationszeit: **ca. 10 Minuten**

- **für ca. 15 Stück**
- **Teig**

  470 g Mehl

  30 g Kakao

  2 TL Backpulver

  Salz

  100 g Zucker

  100 g Butter

  2 Eier

  200 ml Milch

  1 Handvoll Rohrzucker
  oder Mandelblättchen

  1 Ei und Sahne
  zum Bestreichen

- **dazu**

  500 ml Schlagsahne

▌ Backofen auf 180 °C vorheizen. Ein Ofenblech mit Backpapier belegen.

▌ Mehl, Kakao, Backpulver, Salz und Zucker in einer Schüssel mit dem Schneebesen verrühren. Die kalte Butter mit den Fingerspitzen in die Mehlmischung reiben, bis es ein krümeliger Teig wird.

▌ Die Eier in der Milch gut verrühren und zum Teig geben, mit einem Buttermesser das Ganze bearbeiten. Den Teig kurz mit den Händen kneten, ggf. ein wenig Mehl dazugeben, wenn der Teig zu nass ist.

▌ Etwas Mehl auf eine saubere, kühle Fläche streuen und den Teig etwa 5 cm dick darauf ausrollen. Mit einer Ausstechform Kreise ausstechen und auf das Backblech legen. Ein Ei und Sahne verschlagen und mit einem Küchenpinsel auf die Kreise streichen.

▌ Rohrzucker oder Mandelblättchen auf die Scones streuen. Ca. 20 Minuten backen und auf einem Kuchengitter kurz abkühlen lassen.

▌ Direkt vor dem Servieren die Sahne steif schlagen und die lauwarmen Scones mit Sahne genießen.

# MIT OBST UND MOHN

Das ist eines der Lieblingsrezepte meines Vaters, der ein großer Friand-Fan ist. Friands sind kleine Küchlein, aber viel feiner als Cupcakes. Wenn sie einem gelingen, fühlt man sich wie ein richtiger Patissier. Friands werden typischerweise aus Mandelmehl, Butter, Puderzucker und Eiweiß gemacht. Sie brauchen kein Treibmittel, weil das Eiweiß die nötige Luft in den Teig bringt. Das Rezept wurde von mir ein wenig abgewandelt: Ich finde sie viel interessanter mit Olivenöl, und die Mohnsamen geben diesem kleinen Gebäck etwas Biss. Man kann sie natürlich auch weglassen und die Obstdeko je nach Saison variieren. Ersetzen Sie auch mal die gemahlenen Mandeln mit Pistazien oder Haselnüssen, lecker!

Zubereitungszeit: **ca. 25 Minuten**
Backzeit: **ca. 20 Minuten**

- **für ca. 12 Stück**
- **Teig**

    110 g Mehl

    180 g Puderzucker

    1 Prise Salz

    4 EL Mohnsamen

    100 g gemahlene Mandeln

    Zesten von 1/2 Orange

    6 Eiweiß

    125 ml Olivenöl

- **dazu**

    250 g Johannisbeeren, Orangenstückchen oder 3 frische Feigen in dünne Scheiben geschnitten

❚ Backofen auf 180 °C vorheizen. Ein 12er Muffinblech einfetten.

❚ Mehl, Puderzucker, Salz, Mohnsamen, Mandeln und Orangenzesten in einer großen Schüssel verrühren. Eiweiß steif schlagen und vorsichtig mit dem Spatel unter die Mehlmischung rühren. Anschließend das Olivenöl unterrühren.

❚ Den Teig zu zwei Dritteln in die Formen des Muffinblechs löffeln, das Obst darauf verteilen und dann 20 Minuten backen, bis die Küchlein eine leicht goldbraune Farbe angenommen haben.

❚ Die Friands mindestens 10 Minuten auf einem Kuchengitter abkühlen lassen und wahlweise mit frischen Beeren oder Feigen servieren. (Mein Vater friert sie ein und bäckt zum Frühstück morgens eins im Ofen kurz auf.)

# FLAP-JACKS ODER CRUMPETS

## Pfannkuchen mit Pfiff

In Südafrika nannten wir diese kleinen Pfannkuchen *Flap-Jacks* oder *Crumpets*. Ich weiß jetzt, dass man mit diesen Namen in Großbritannien heute Hafergebäck bezeichnet – so verändern sich Rezepte über Jahrhunderte und durch unterschiedliche kulturelle Einflüsse. Wie meine Mutter mache ich Flap-Jacks oder zu gut deutsch Eierkuchen für meine Kinder sehr gern zum Frühstück, am liebsten mit Vollkorn-Mehl (sie merken den Unterschied nicht), natürlich *ohne* Espresso-Mascarpone und wie im Rezept ohne Zucker. Ich finde Flap-Jacks sind süß genug, wenn man Ahornsirup dazu reicht. Und wenn man Mal keine Lust auf Süßes hat, schmecken sie köstlich mit Räucherlachs und Senf-Honig-Soße. Ich backe sie am liebsten im Miniformat und serviere sie gern gestapelt mit einer Füllung zu Kaffee und Kuchen.

Zubereitungszeit: **ca. 15 Minuten**
Kochzeit: **ca. 20 Minuten**

- **für ca. 25 Stück**
- **Teig**

  3 Eier

  225 ml Milch

  175 g Mehl

  1 Prise Salz

  2 EL Naturjoghurt (3,5 % Fett)

  1 TL Natron

  1 TL Essig

  Öl für die Pfanne

▌ Die Eier und die Milch in einer Schüssel mit einem Schneebesen gut verrühren. Mehl und Salz in die Eiermischung sieben und wieder mit dem Schneebesen schlagen, bis keine Klümpchen mehr zu sehen sind. Den Joghurt unterrühren.

▌ Natron in eine kleine Schüssel geben und den Essig darüberträufeln. Sobald es schäumt, zum Teig geben und gründlich unterrühren.

▌ Eine Bratpfanne auf mittlerer Hitze erwärmen und genug Öl hineingeben, dass der Boden leicht bedeckt ist.

▌ Mit einer Kelle kleine Teigportionen in die Pfanne geben und braten, bis kleine Blasen auf der Oberfläche erscheinen. Dann umdrehen und kurz bräunen.

▌ Wenn nötig, die fertigen Eierkuchen auf einem Teller im Ofen warm halten oder gleich servieren.

▌ Köstlich sind sie mit in Butter gebratenen Bananen und Ahornsirup oder mit Espresso-Mascarpone (s. S. 98).

# DREIERLEI NUSS- UND
# Aprikosen-Küchlein

Zubereitungszeit: **ca. 25 Minuten**
Backzeit: **ca. 25 bis 30 Minuten**

- **für ca. 12 Stück**
- **Teig**

    190 g Butter

    215 g Zucker

    4 Eier

    1 TL Vanille-Essenz
    (Rezept S. 96)

    100 g gemahlene Mandeln

    100 g gehackte Haselnüsse

    100 g Mehl

    abgeriebene Schale von
    1 Zitrone

- **dazu**

    35 g Pekannüsse

    12 reife Aprikosen, geviertelt

❚ Backofen auf 180 °C vorheizen. Ein 12er Muffinblech einfetten.

❚ Butter und Zucker in einer Schüssel ca. 4 Minuten lang schlagen, bis die Masse fluffig ist. Eier dazugeben und alles kurz zusammenrühren.

❚ Vanille-Essenz, Mandeln, Haselnüsse, Mehl und Zitronenschale dazugeben und gut vermengen. Die Mischung in das Muffinblech löffeln und mit Pekannüssen und Aprikosenscheiben verzieren. Im Ofen 25 bis 30 Minuten backen. Die Küchlein mindestens 10 Minuten in der Form und dann auf einem Kuchengitter etwas abkühlen lassen. Noch warm schmecken sie natürlich am besten!

**TIPP:** In einer Kuchenform (23 cm Ø) kann man diesen Teig auch backen, allerdings verlängert sich die Backzeit auf 45 Minuten.

# DOPPEL-SCHOKO-MANDEL-
# Brownies

## (GLUTENFREI)

**Zubereitungszeit: ca. 30 Minuten**
**Backzeit: ca. 20 Minuten**

- für ca. 16 Stück
- Teig

  2 Eier

  150 g bittere Schokolade
  (70 % Kakaogehalt)

  150 g Butter

  200 g Zucker

  10 g Kakao

  45 g Speisestärke

  135 g gemahlene Mandeln

  1 Prise Meersalz

❚ Backofen auf 180 °C vorheizen. Eine viereckige 23 x 23 cm große Backform einfetten und mit Backpapier auskleiden. *Man kann auch eine runde Kuchenform (23 cm Ø) nehmen, aber ich mag es, die Brownies in Viereck schneiden zu können.*

❚ Die Eier verschlagen und über die gehackte Schokolade in eine Schüssel geben. Die Butter in einem dickbödigen Topf schmelzen, Zucker dazugeben und rühren, bis er auch geschmolzen ist.

❚ Die heiße Buttermischung über die Schokolade und Eier geben und rühren, bis die Schokolade geschmolzen ist. Anschließend ein paar Minuten schlagen.

❚ Kakao, Stärke und Mandeln zusammen in eine Schüssel geben und gut verrühren. Dann in die Schokoladenmischung geben und alles unterschlagen.

❚ Den Teig in die Backform geben und mit Meersalz bestreuen. 20 Minuten backen. Nach dem Backen in der Form auskühlen lassen. Anschließend in Quadrate von ca. 7 cm Größe schneiden.

❚ Noch warm mit einer Kugel Eis und Himbeer-Coulis (S. 94) sind die Brownies unwiderstehlich!

# Cupcakes

Minikuchen, vor allem Cupcakes, sind in den letzten Jahren sehr beliebt geworden. Es gibt sogar Läden, die sich ganz diesem Gebäck widmen, und zuhause ist man nur einen Mausklick weit entfernt von Millionen von Verzierungsmöglichkeiten. Wer seine „Bäckerkarriere" mit etwas Einfachem beginnen möchte, ist mit Cupcakes gut beraten. Sie sind relativ unkompliziert und bieten viel kreativen Spielraum bei der Verzierung.

Vanilleteig, Rezept S. 18
(Vanille-Biskuit)

ODER

Schokoteig, Rezept S. 40
(Orient-Schokotorte, hier allerdings die Gewürze weglassen!)

## HERSTELLUNG NACH GRUNDREZEPT

▌ Backofen auf 180 °C vorheizen. Ein 12er Muffinblech einfetten oder Cupcakehüllen aus Papier benutzen. Den Teig wie beschrieben zubereiten und zum Schluss in das Muffinblech oder in die Hüllen füllen.

▌ Etwa 20 bis 25 Minuten backen, anschließend in der Form für 10 Minuten und dann auf einem Kuchengitter komplett abkühlen lassen.

▌ Während die Cupcakes abkühlen, kann man die Buttercreme seiner Wahl vorbereiten (Rezepte ab S. 86) und in einen Spritzbeutel mit Tülle füllen (Anleitung S. 126). Die Cupcakes mit Hilfe des Spritzbeutels dekorieren oder die Buttercreme einfach mit einem Löffel auftragen.

# LECKEREIEN AUS

## Brandteig

# GRUNDREZEPT

Brandteig hat den schlechten Ruf, er sei extrem schwierig zu backen. Zu Unrecht, wie ich finde. Man sollte einige sehr wichtige Schritte beachten, aber im Prinzip ist es ganz einfach! Die meisten Leute trauen sich nicht, dabei bedeutet Brandteig relativ wenig Arbeit für ziemlich viel *Wow-Effekt!* Brandteig ist übrigens interessant, was den Backprozess betrifft: Statt mithilfe eines Treibmittels gewinnt dieses Gebäck seine Form durch die Entstehung von Dampf, der nicht durch die dampfundurchlässige Kruste entweichen kann. Brandteig besteht aus einfachsten Zutaten und ist wundervoll vielseitig, ob süß oder herzhaft!

Zubereitungszeit: **ca. 35 Minuten**
Backzeit: **45 Minuten**

| |
|---|
| 100 ml Milch |
| 75 ml Wasser |
| 75 g Butter |
| ½ TL Salz |
| 100 g Mehl |
| 3 Eier |

▌ Milch, Wasser, Salz und Butter in einem dickbödigen Topf erwärmen, bis die Butter vollkommen geschmolzen ist. Anschließend kurz aufkochen. Wenn alles brodelt, vom Herd nehmen, das Mehl hineingeben und mit einem Holzlöffel flott zusammenmischen. Der Teig sollte nach ungefähr 1 Minute zu einem Kloß werden und sich komplett vom Boden und den Seiten lösen.

>>>

**TIPP:** Da innen in den Formen durch den Dampf sehr viel Druck entsteht, wenn sie im Ofen sind, können manchmal Risse entstehen. Um das zu verhindern, kann man eine Zick-Zack-Tülle benutzen, um den Teig zu spritzen.

❚ Nun den Topf wieder auf den Herd stellen und etwa 2 bis 3 Minuten weiter schlagen. Der Teig wird dadurch etwas gekocht. In eine Schüssel umfüllen und lauwarm abkühlen lassen.

❚ Dann die Eier eins nach dem anderen mit dem Rührgerät untermixen, bis ein seidiger, weicher Teig entsteht.

**TIPP:** Man kann den Brandteig auch einen Tag vor dem Verbrauch backen. Allerdings zieht er schnell Feuchtigkeit an und wird weich. Hier schafft man Abhilfe, indem man die Brandteigformen bei 180 °C ein paar Minuten lang wieder knusprig bäckt.

❚ Den Teig mit Hilfe eines Spatels in einen Spritzbeutel füllen. Beliebige Formen auf das vorbereitete Backblech spritzen. Brandteig 30 Minuten backen, das Blech herausnehmen und mit einem spitzen Messer oder einem Holzstäbchen ein kleines Loch in jede Form stechen. Das Blech für weitere 10 bis 15 Minuten wieder in den Ofen schieben. Jetzt soll der Dampf aus den Formen entweichen, sonst ist es zu feucht in der Form und sie fällt zusammen, wenn sie aus dem Ofen kommt.

## AUFBEWAHRUNG:

❚ Gebackene Brandteigformen können in einem luftdichten Behälter bis zu einem Monat aufbewahrt und bei 180 °C im Ofen in 5 bis 7 Minuten wieder aufgebacken werden. Gefüllt sollte man sie kühl aufbewahren und innerhalb von 1 bis 2 Tagen verbrauchen.

# Himbeer-Eclairs

Zubereitungszeit: **ca. 35 Minuten**
Backzeit: **45 Minuten**

- **für ca. 20 Stück**
- **Teig**

  Brandteig-Grundrezept
  (Rezept S. 62)

- **Füllung**

  Himbeer-Coulis (Rezept S. 94)

  250 ml Schlagsahne

  1 Pck. Sahnesteif

- **Zuckerguss und Dekoration**

  300 g Puderzucker

  3 EL Himbeer-Coulis

  frische Himbeeren

  gehackte Pistazien

▌ Backofen auf 180 °C vorheizen. Backblech mit Backpapier auslegen.

▌ Brandteig nach Grundrezept (S. 62) zubereiten und in einen Spritzbeutel füllen. 10 cm lange Formen auf das Backpapier (am besten mit einer Zick-Zack-Tülle) spritzen. Mindestens 5 cm Platz zwischen den Formen lassen. Abschließend mit etwas Wasser auf den Fingerspitzen die Enden abrunden.

▌ Brandteig 30 Minuten backen, das Blech herausnehmen und ein kleines Loch in jede Form stechen. Das Blech für weitere 10 bis 15 Minuten wieder in den Ofen schieben. Dabei soll der Dampf aus den Formen entweichen, sonst sind sie innen zu feucht und können zusammenfallen, wenn sie abkühlen.

▌ Die Formen aus dem Ofen nehmen und auf einem Kuchengitter komplett abkühlen lassen. In der Zwischenzeit die Füllung vorbereiten. Dafür die Sahne mit Sahnesteif steif schlagen. Nach Geschmack etwas vom Himbeer-Coulis (S. 94; genug für den Guss aufheben!) unter die Sahne rühren.

▌ Füllung in einen Spritzbeutel geben (siehe Anleitung S. 126). Eine Fülltülle mit einem langen dünnen Hals (wie eine Spritze) verwenden; diese ist in den meisten Standardpackungen enthalten. Diese Tülle kann man in das kleine Loch im Eclair stecken, um es zu füllen.

▌ Himbeer-Coulis mit so viel Puderzucker in einem tiefen Teller mischen, bis ein dickflüssiger Zuckerguss entsteht. Die Eclairs mit der oberen Seite hinein tauchen, bis die Oberfläche gut mit dem Guss bedeckt ist. Eclairs auf einem Kuchengitter mit einem Stück Backpapier darunter (falls es tropft) ruhen lassen und mit Himbeeren und Pistazienkrümeln dekorieren.

▌ Die Eclairs sofort servieren, spätestens aber nach 2 Stunden, sonst werden die Brandteig-Hüllen weich.

**TIPP:** Als Alternative kann man auch zuerst Himbeer-Coulis und dann Sahne mit dem Spritzbeutel in die Eclairs füllen.

# Eclairs
## MIT LEMON CURD

**Zubereitungszeit:** ca. 35 Minuten
**Backzeit:** 45 Minuten

- **für ca. 20 Stück**
- **Teig**

  Brandteig-Grundrezept
  (Rezept S. 62)

- **Füllung**

  100 ml Lemon Curd
  (Rezept S. 92)

  250 ml Schlagsahne

  1 Pck. Sahnesteif

- **Zuckerguss und Dekoration**

  300 g Puderzucker

  4 TL Zitronensaft

  gelbe Lebensmittelfarbe
  (Puder)

  dünne Zitronenschalenstreifen

**TIPP:** Als Alternative kann man auch zuerst Lemon Curd und dann Sahne mit dem Spritzbeutel in die Eclairs füllen.

▌ Backofen auf 180 °C vorheizen. Backblech mit Backpapier auslegen.

▌ Brandteig nach Grundrezept (S. 62) zubereiten und in einen Spritzbeutel füllen. 10 cm lange Formen auf das Backpapier (am besten mit einer Zick-Zack-Tülle) spritzen. Mindestens 5 cm Platz zwischen den Formen lassen. Abschließend mit etwas Wasser auf den Fingerspitzen die Enden abrunden.

▌ Brandteig 30 Minuten backen, das Blech herausnehmen und ein kleines Loch in jede Form stechen. Das Blech für weitere 10 bis 15 Minuten wieder in den Ofen schieben. Dabei soll der Dampf aus den Formen entweichen, sonst sind sie innen zu feucht und können zusammenfallen, wenn sie abkühlen.

▌ Die Formen aus dem Ofen nehmen und auf einem Kuchengitter komplett abkühlen lassen. In der Zwischenzeit die Füllung vorbereiten. Dafür die Sahne mit Sahnesteif steif schlagen. Lemon Curd unter die Sahne rühren und Füllung in einen Spritzbeutel geben (siehe Anleitung S. 126). Eine Fülltülle mit einem langen dünnen Hals (wie eine Spritze) verwenden; diese ist in den meisten Standardpackungen enthalten. Diese Tülle kann man in das kleine Loch im Eclair stecken, um es zu füllen.

▌ Zitronensaft mit Puderzucker und Farbpulver in einem tiefen Teller mischen, bis man einen dickflüssigen Zuckerguss erhält. Die Eclairs mit der oberen Seite hinein tauchen, bis die Oberfläche gut mit dem Guss bedeckt ist. Eclairs auf einem Kuchengitter mit einem Stück Backpapier darunter (falls es tropft) ruhen lassen und mit Zitronenschalenstreifen dekorieren.

▌ Die Eclairs sofort servieren, spätestens aber nach 2 Stunden, sonst werden die Brandteig-Hüllen weich.

# „SCHUMMEL"-
# Croquembouche

Aus dem Französischen übersetzt heißt Croquembouche „kracht im Mund" oder auch „Krachgebäck". Wenn der Brandteig richtig frisch ist, kann das sogar passieren. Diese französische Torte besteht aus zu einer Pyramide aufgetürmten, mit Sahne gefüllten Windbeuteln. Traditionell sind die Windbeutel *(Profiterols)* in einer Form zu einem Kegel geformt. Wenn man es nun ein wenig einfacher und schneller haben will, kann man schummeln – so wie ich. Ich stecke die gefüllten Windbeutel auf eine fertige Kegelform. Das hat den Vorteil, dass man nicht so viele Windbeutel herstellen muss und die Torte trotzdem eine imposante Höhe erreicht. Darüber hinaus ist es einfach weniger „Fummelarbeit". Ich habe mal für eine Freundin einen ein Meter hohen Turm zur Hochzeit gefertigt. Die Begeisterung entschädigte für jede Mühe.  So eine Torte beeindruckt einfach immer, ist ausgesprochen festlich – und jeder kann davon „pflücken", was er möchte.

❚ Backofen auf 180 °C vorheizen. Backblech mit Backpapier auslegen.

❚ Brandteig nach Grundrezept (S. 62) zubereiten und in einen Spritzbeutel füllen. Mit einer Zick-Zack-Tülle kleine runde Formen auf das Backpapier spritzen. Mindestens 5 cm Platz zwischen den Formen lassen. Abschließend mit etwas Wasser auf den Fingerspitzen die Enden abrunden.

❚ Brandteig 30 Minuten backen, das Blech herausnehmen und ein kleines Loch in jede Form stechen. Das Blech für weitere 10 bis 15 Minuten wieder in den Ofen schieben. Dabei soll der Dampf aus den Formen entweichen, sonst sind sie innen zu feucht und können zusammenfallen, wenn sie abkühlen.

❚ Formen aus dem Ofen nehmen und vollkommen auf einem Kuchengitter abkühlen lassen.

Zubereitungszeit: **ca. 35 Minuten**
Backzeit: **45 Minuten**

- **für ca. 25 Stück (1 Turm)**
- **Teig**

  Brandteig-Grundrezept
  (Rezept S. 62)

- **Füllung**

  300 ml Schlagsahne

  Vanille-Essenz

  1 Pck. Sahnesteif

- **Zuckerguss und Dekoration**

  150 g Puderzucker

  2–3 TL Wasser

  30 cm hoher Styroporkegel (im Internet oder im Bastelladen erhältlich)

  wahlweise frische Blüten, Zuckerblüten oder Obst

**TIPP:** Die Füllung kann natürlich je nach Geschmack variiert werden – siehe die Eclair-Füllungen (ab S. 64) für weitere Inspiration!

▌ In der Zwischenzeit die Füllung vorbereiten. Dafür die Sahne mit Sahnesteif und Vanille-Essenz steif schlagen. Füllung in einen Spritzbeutel geben (Anleitung S. 126). Eine Fülltülle mit einem langen dünnen Hals (wie eine Spritze) verwenden; diese ist in den meisten Standardpackungen enthalten. Diese Tülle kann man in das kleine Loch in den Formen stecken, um sie zu füllen.

▌ Puderzucker und Wasser in einem tiefen Teller zu einer dicken Paste zusammenrühren und die Windbeutel zur Hälfte hineintauchen, um sie mit Zuckerguss zu bedecken. Auf einem Kuchengitter trocknen lassen.

▌ Den Kegel besser vorab mit Papier oder Metallfolie umwickeln, denn es lässt sich nicht ganz vermeiden, dass zwischen den Windbeuteln manchmal noch ein wenig Kegeloberfläche zu sehen ist. Es ist nur wichtig, ein Material dafür zu benutzen, das auch in Berührung mit Lebensmitteln kommen darf.

▌ Man beginnt von unten: Zuerst einen Zahnstocher hineinstecken, sodass nur die Spitze herausschaut und leicht nach oben zeigt. Die Spitze darf natürlich nicht länger sein als der Windbeutel, der darauf platziert werden soll. Manchmal ist es einfacher, den Stocher zu halbieren, dann bitte die abgebrochene Seite in den Kegel stecken. Nun die Windbeutel auf die Zahnstocher stecken. Zuerst einen Ring von Windbeuteln um den Fuß des Kegels stecken und dann darauf aufbauen. Immer darauf achten, die Lücken zu füllen.

▌ Wenn der Kegel bedeckt ist, können eventuelle Lücken mit Blüten oder Obst gefüllt werden. Zusätzlich kann man auch etwas Karamellcreme (S. 90) oder Schokolade-Ganache (S. 98) darüber träufeln.

▌ Sofort oder spätestens nach 2 Stunden servieren, sonst wird der Brandteig weich.

# Paris-Brest-Torte

Paris-Brest wird traditionell aus einem aufgeschnittenen Brandteigring mit Nusscremefüllung gemacht und mit Mandelblättchen und Puderzucker bestreut. Das Rezept entstand anlässlich einer Radtour von Paris nach Brest im Jahr 1910 und soll einem Fahrrad-Rad ähneln. Meine Version ist etwas anders. Ich wollte die aufwändige Nusscreme eliminieren und daraus einen einfachen Eclair mit Sahnefüllung machen. Aber statt nur eines Rings backe ich immer zwei und stapele sie auf einander, damit das Ganze etwas dynamischer wird.

Zubereitungszeit: **ca. 35 Minuten**
Backzeit: **ca. 45 Minuten**

- **Teig**

  Brandteig-Grundrezept
  (Rezept S. 62)

- **Füllung**

  500 ml Schlagsahne

  1 Pck. Sahnesteif

  1 TL Vanille-Essenz
  (Rezept S. 96)

  100 g Mandelblättchen

- **Dekoration**

  etwas Puderzucker

  Beeren und Blüten nach Wahl

▌ Backofen auf 180 °C vorheizen. Auf ein Stück Backpapier zwei Kreise mit jeweils 20 cm und 25 cm Durchmesser zeichnen. Das Papier auf ein Backblech legen.

▌ Brandteig nach Grundrezept (S. 62) zubereiten und in einen Spritzbeutel füllen. Mit dem Spritzbeutel und breiter Tülle mehrere Kreise über die Bleistiftkreise auf dem Papier auftragen, wobei jeweils eine Hälfte Teig für jeden Kreis verwendet wird.

▌ Die Oberfläche beider Kreisformen großzügig mit Mandelblättchen bestreuen. 35 Minuten backen, das Blech herausnehmen und ein kleines Loch in jede Form stechen. Blech wieder in den Ofen schieben und weitere 10 bis 15 Minuten backen. Dabei soll der Dampf entweichen, sonst sind die Brandteigformen innen zu feucht und können zusammenfallen, wenn sie abkühlen.

▌ In der Zwischenzeit für die Füllung Schlagsahne mit Sahnesteif und Vanille-Essenz steif schlagen.

▌ Nach dem Backen beide Formen auf einem Kuchengitter vollkommen abkühlen lassen. Dann waagerecht in der Mitte durchschneiden und mit Sahne füllen. Man kann die Sahne stilvoll spritzen oder einfach großzügig mit dem Löffel darauf verteilen. Den kleineren Kreis auf den größeren setzen (eventuell noch etwas Sahne dazwischen geben) und mit frischen Beeren, Blüten und Puderzucker dekorieren.

▌ Sofort oder spätestens innerhalb von 2 Stunden servieren.

**TIPP:** Man kann die Füllung für dieses Dessert sehr gut variieren, indem man etwas Himbeer-Coulis, Schokoladen-Ganache oder Lemon Curd mit der Sahne vermischt.

SÜSSE KÜSSE MIT

Baiser

Zutaten &
Füllungen

FÜR DIE PERFEKTE TORTE

Baiser kommt aus dem Französischen und bedeutet Kuss. Süße Küsse! Wie auch anderes Gebäck ist Baiser eigentlich nicht unbedingt kompliziert herzustellen, es besteht aus geschlagenem Eiweiß und Zucker – aber wenn man es meisterhaft-perfekt machen möchte, bedeutet es schon einige Arbeit. Die luftige Baiser-Süße ist ein wichtiger Teil einiger meiner Lieblingsrezepte – jedes davon hat eine leicht andere Baiser-Komponente.

Wenn Eiweiß geschlagen wird, entfalten sich Proteine, die man sich „Arm in Arm" mit anderen Proteinen vorstellen kann. Dadurch wird Luft zwischen den Proteinbindungen eingefangen – und diese Luft gibt dem Eischnee sein Volumen. Um viele kleine Luftblasen zu „fangen", ist es besser, das Eiweiß erst auf einer niedrigen Stufe zu schlagen. Wenn man erst einmal einen leichten Eischaum mit vielen kleinen Blasen geschlagen hat, kann man später schneller schlagen, um mehr Luft hineinzuarbeiten.

Eine Metallschüssel ist ideal, eine Glasschüssel ist in Ordnung, aber eine Schüssel aus Plastik sollte unbedingt vermieden werden (siehe auch Backtipp S. 10).

Ein gebackenes Baiser ist ideal, wenn es eine leichte knusprige Kruste mit einer weichen elastischen Mitte hat. Um dies zu erreichen, muss das Baiser eigentlich nur minimal gebacken werden und dann austrocknen. Die Ofentemperatur sollte deswegen relativ niedrig sein. Wenn größere Baiserformen gebacken werden, sollte der Ofen nach Ablauf der Backzeit ausgeschaltet, aber das Gebäck noch eine Stunde dringelassen werden. Die verbleibende Hitze trocknet es schonend aus, ohne dass es überbacken und krümelig wird.

# GRUNDREZEPT

Dieses einfache Rezept ist variabel anwendbar für Anfänger und versierte Bäcker.

Zubereitungszeit: **ca. 30 Minuten**
Backzeit: **2 Stunden (Back- und Kühlzeit)**

- **für ca. 15 Stück**

  140 g feiner Zucker

  3 Eiweiß

  1 TL Zitronensaft

❚ Backofen auf 120 °C vorheizen. Backblech mit Backpapier auslegen.

❚ In einer Schüssel das Eiweiß leicht schlagen. Wenn es anfängt Schaum zu bilden, den Zitronensaft dazugeben und weitere 4 Minuten schlagen. Den Zucker esslöffelweise dazugeben und schlagen, bis sich Spitzen formen.

❚ Mit einem Spatel den Eischnee in einen Spritzbeutel füllen und Formen auf das Backpapier spritzen.

❚ 1 Stunde backen, den Ofen ausschalten und die Baisers eine weitere Stunde im Ofen trocknen lassen.

## VARIATIONEN

❚ **Rotes Baiser:** Etwas Rote Bete-Pulver oder Lebensmittelfarbe unter den Eischnee rühren.

❚ **Nuss-Baiser:** 2 bis 3 EL gemahlene Mandeln oder Haselnüsse unter den Eischnee rühren und die Baisers am besten mit einem Löffel auf dem Backpapier formen. Nüsse enthalten viel Fett und dadurch verliert der Eischnee an Volumen, in einem Spritzbeutel wird dieser Prozess beschleunigt und der Eischnee kann schnell zu flüssig werden.

❚ **Schokoladen-Baiser:** 1 EL Kakao unter den Eischnee rühren. Er muss nicht komplett verteilt werden, ein paar dicke Kakaostreifen sehen auf der Oberfläche schön aus.

# Baiser-Turm

Zubereitungszeit: **30 Minuten**
Backzeit: **2 Stunden**
**(Back- und-Kühlzeit)**
Dekorationszeit: **ca. 1 Stunde**

- **für ca. 30 Stück**
- **Teig**

  Baiser-Grundrezept, doppelte
  Menge! (Rezept S. 76)

- **Dekoration und zum
  Servieren**

  30 cm hoher Styroporkegel
  (im Internet oder im Bastelladen erhältlich)

  getrocknete oder frische Blüten

  300 ml Schlagsahne

  400 g frische Beeren
  bzw. saures Obst

❚ Nach dem Grundrezept (S. 76) ein Sortiment von runden, spitz gekrönten Baiserformen spritzen. Wie beschrieben backen und vollkommen abkühlen lassen.

❚ Wahlweise die Baiserformen mit Glanzstaub (S. 110) bestäuben oder mit Lebensmittel-Farbpulver für etwas mehr Kontrast betupfen.

❚ Kegel vorab mit Papier oder Metallfolie bekleiden. (Es lässt sich nicht ganz vermeiden, dass zwischen den Baiserformen manchmal noch ein wenig Kegeloberfläche zu sehen ist.) Darauf achten, ein Material zu verwenden, das in Berührung mit Lebensmitteln kommen darf.

❚ Man beginnt von unten: Zuerst einen Zahnstocher hineinstecken, sodass nur die Spitze herausschaut und leicht nach oben zeigt. Die Spitze darf natürlich nicht länger sein als das Baiser, das darauf platziert werden soll. Manchmal ist es einfacher, den Stocher zu halbieren, dann bitte die abgebrochene Seite in den Kegel stecken. Nun die Baisers auf die Zahnstocher stecken, zuerst einen Ring um den Fuß des Kegels stecken und dann darauf aufbauend. Immer darauf achten, die Lücken zu füllen und möglicherweise die Baisers etwas überlappend anzubringen.

❚ Wenn der Kegel vollständig bedeckt ist, können eventuelle Lücken mit Blüten oder Obst gefüllt werden.

❚ Mit Schlagsahne und Obst servieren, jedoch spätestens innerhalb von 2 Stunden servieren, sonst wird der Baiserteig weich.

# Schokolade

Schokolade ist ein uralter Genuss, dennoch ist diese besondere Zutat wie so viele andere Dinge auch durch die Industrialisierung der Lebensmittelproduktion in vieler Hinsicht schlechter geworden. Die schlechte Qualität von billigen Kakaobohnen wird oft durch die Zugabe von mehr Zucker und Zusatzstoffen kompensiert. Gute Schokolade besteht aus guten Kakaobohnenbestandteilen (Kakaopulver und Kakaobutter) und enthält wenig Süßmittel und keine Aromastoffe. Man sollte Schokolade meiden, wo andere pflanzliche Fette in den Zutaten aufgelistet sind.

Zum Backen eignet sich am besten Zartbitterschokolade. Man sollte immer eine Schokolade verarbeiten, die mindestens 70 % Kakao enthält und die man auch gerne „pur" essen würde!

**Einige Dinge sollte man beachten, wenn man mit Schokolade arbeitet:**
Schokolade immer nur über einem **Wasserbad** erhitzen. Das heißt, man setzt eine Schüssel aus Glas oder Metall auf einen Topf mit leicht kochendem Wasser, ohne dass diese das Wasser berührt. Auf diese Weise kann man die Temperatur der Schokolade besser kontrollieren und eine sanfte Hitze erzeugen.

Auch die Kristallisation der Kakaobutter, wenn sie abkühlt, kann man kontrollieren. Dieser Prozess heißt **Temperieren** und bringt im Ergebnis eine Schokolade, die schön glänzt und beim Brechen knackt. Das ist ein ziemlich komplexer Prozess. Für die einfachen Rezepte in diesem Buch ist es nicht nötig, diesen Prozess näher zu erläutern. Aber wenn man mit Schokolade weiter experimentieren und noch schönere Ergebnisse erzielen möchte, lohnt es sich, mehr darüber zu lesen.

# SELBSTGEMACHTE
# Zartbitterschokolade

Als mir eine Freundin ein Buch über Rohkostbacken geschenkt hat, habe ich entdeckt, wie man Schokolade selbst machen kann. Es wäre mir davor nie in den Sinn gekommen, das zu versuchen. Dieses Rezept ist sehr vereinfacht und ergibt nicht die Schokolade, die man von einem richtigen Chocolatier bekommen kann, aber es ist extrem befriedigend, seine eigene Schokolade zu kreieren und vor allem ihre Süße und zusätzlichen Zutaten selbst bestimmen zu können. Ganz zu schweigen davon, dass es ein leckeres und ganz besonderes Geschenk für Freunde und Familie ist. Mit Ahornsirup ist die Schokolade auch vegan.

▍ Kakaobutter über einem Wasserbad bei sehr sanfter Hitze schmelzen. Die Kakaobutter darf nicht über 40–45 °C erwärmt werden! Wenn es zu warm werden sollte, bevor die Kakaobutter geschmolzen ist, lieber kurz von der Hitze nehmen und ein wenig umrühren, um die restliche Butter zu schmelzen.

▍ Wenn die Kakaobutter 40–45 °C erreicht hat, die anderen Zutaten (außer die Extras) dazugeben und alles gründlich vermischen, sodass keine Kakaoklumpen bleiben. Aber nicht zu sehr schlagen, sonst könnte die Masse steif werden. Wenn das passieren sollte, die Schüssel einfach noch einmal kurz über das Wasserbad stellen.

▍ Wenn alles auf 27 °C abgekühlt ist, wieder kurz auf 32 °C erwärmen und dann in ein Blech oder eine Form geben. Nun die Extras darübergeben. Die Tafel dann sofort in den Kühlschrank stellen.

Zubereitungszeit: **ca. 25 Minuten**

● **für 1 Tafel**

250 g Kakaobutter (in vielen Bioläden oder im Online-Handel erhältlich)

125 g Kakao

90 g Honig oder Ahornsirup

etwas Mark von 1 Vanilleschote

● **Extras**

wahlweise Nüsse, Nussmus, getrocknete Früchte oder getrocknete Blüten (unbehandelt)

Schokoladentafel-Form (ich benutze meistens Brotbackformen, die ich mit Plastikfolie auslege)

**TIPP:** Mein persönlicher Favorit ist es, Haselnussmus auf die Oberfläche zu träufeln und gehackte Paranüsse, getrocknete Kirschen oder Cranberrys darauf zu streuen. Getrocknete Ananas und Kokosscherben sind auch köstlich.

# TORTE MIT

## Schokoscherben

Im Englischen heißt diese prachtvolle Torte auch *Chocolate Bark Cake* (Schokoladen-Baumrinde) – ein sehr passender Name, da die Scherben oft auch etwas verdecken und eine ästhetische, charmante Unebenheit mit sich bringen. Für die Torte habe ich Schokoscherben mit getrockneten Blüten verwendet, um der Torte etwas mehr Charakter zu verleihen.

Zubereitungszeit Torte:
**ca. 50 Minuten**
Zubereitungszeit für die
Schoko-Scherben:
**ca. 35 Minuten (inkl. Kühlzeit)**

- für eine Butter-creme-Torte von 16 cm Ø und 3 Schichten

- Teig und Füllung

  nach Rezept S. 26

- Schokoscherben
  (für 10 bis 12 Scherben)

  300 – 400 g Schokolade
  (weiß, Zartbitter oder Milch-schokolade, je nach Geschmack und Vorliebe)

  1/2 Becher Dekorationszutaten
  (gehackte Nüsse, Blüten-blätter, Streusel, getrocknete Früchte etc.)

  Backblech (möglichst eines, das in Kühlschrank oder Gefriertruhe passt)

  1 Stück Backpapier

❚ Torte nach Rezept S. 26 backen. Doppelte Menge backen, einmal in einer Springform mit 15 cm Ø und einmal in einer Springform mit 23 cm Ø. Nach dem Backen und Aufbau die Höhe und den Umfang der Torte abmessen, bei der Höhe ein paar Zentimeter addieren, vorausgesetzt, dass die Schokoscherben ein wenig höher sein sollen als der Kuchen. Diese Einheiten dann auf einem Stück Backpapier markieren.

❚ Das Backblech mit dem markierten Backpapier in Kühlschrank oder Gefriertruhe kühlen.

**TIPP:** Die Torte auf dem Foto ist größer; für diese habe ich ca. 700–800 g Zartbitterschokolade verarbeitet.

>>> 

▊ Die Dekorationszutaten bereits fertig und griffbereit hinstellen.

▊ Die gehackte Schokolade über einem Wasserbad schmelzen, auf 50 °C erwärmen und dann auf 27 °C abkühlen lassen. Anschließend wieder auf 32 °C erwärmen und dann sofort auf das gekühlte Backblech geben und mit einem Streichmesser die Schokolade zu einem Rechteck streichen. **Auf die Markierungen achten!** Die gewünschten Dekorationszutaten wie gehackte Nüsse, Blüten etc. gleich darauf streuen.

▊ Das Blech im Kühlschrank kühlen, bis die Schokolade fest wird. Wer keinen ganz so großen Kühlschrank besitzt, sollte einfach einen kühlen Ort wählen und ein bisschen länger warten. Dann in gleichmäßigen Abständen gerade Stücke schneiden und um den Kuchen platzieren. Die Schokoscherben in die Ganache drücken, sodass sie stehen bleiben.

**TIPP:** Ich verwende die Unterseite des Backblechs, da die Kanten oft im Weg sind, wenn man mit dem Streichmesser arbeitet.

# Buttercreme

Folgendes ist dabei zu beachten: Weiche aber nicht geschmolzene Butter verwenden und diese zunächst allein schlagen, um Luft hinein zu bekommen. Wenn die Buttercreme zu dünnflüssig ist, lieber Butter als Puderzucker benutzen, um sie dickflüssiger zu machen. In dem Fall flüssige Butter verarbeiten, sonst bekommt man Klümpchen in die Buttercreme.

Zubereitungszeit: **ca. 15 Minuten**

- Ausreichende Menge
  für eine zweischichtige
  Torte mit 16 cm Ø oder
  12 Cupcakes

  100 g weiche Süßrahmbutter

  300 g Puderzucker

  1 TL Vanille-Essenz
  (Rezept S. 96) oder
  ½ TL gemahlene Vanilleschote

  3 EL Sahne oder Milch

## KLASSISCHE BUTTERCREME

❚ Mit einem Rührgerät die Butter ein paar Minuten schlagen, bis sie etwas heller geworden ist. Den Puderzucker durchsieben, mit Vanille und Sahne zur Butter geben und alles gut verschlagen.

## VARIATIONEN

❚ **Zitronen-Buttercreme:** abgeriebene Schale von 1/2 Zitrone dazugeben

❚ **Nuss-Buttercreme:** 4 EL gemahlene geröstete Nüsse dazugeben

Zubereitungszeit: **ca. 15 Minuten**

- Ausreichende Menge
  für eine zweischichtige
  Torte mit 16 cm Ø oder
  12 Cupcakes

  100 g weiche Süßrahmbutter

  40 g Kakao

  350 g Puderzucker

  1 TL Vanille-Essenz
  (Rezept S. 96) oder
  ½ TL gemahlene Vanilleschote

  90 ml Milch

## SCHOKOLADEN-BUTTERCREME

❚ Mit einem Rührgerät die Butter ein paar Minuten gut schlagen, bis sie etwas heller geworden ist. Kakao und Puderzucker durchsieben, mit Vanille und Milch zur Butter geben und gut schlagen.

❚ Wenn nötig, mehr Milch dazugeben.

**Zubereitungszeit: ca. 15 Minuten**

- **Ausreichende Menge für eine zweischichtige Torte mit 16 cm Ø oder 12 Cupcakes**

  50 g weiche Süßrahmbutter

  40 g Kakao

  350 g Puderzucker

  1 TL Vanille-Essenz (Rezept S. 96) oder ½ TL gemahlene Vanilleschote

  65 ml Sahne

  2 EL Espresso oder starker Kaffee

# ESPRESSO-BUTTERCREME

▌ Mit einem Rührgerät die Butter ein paar Minuten gut schlagen, bis sie etwas heller geworden ist.

▌ Kakao und Puderzucker durchsieben, mit Vanille, Sahne und Espresso zur Butter geben und gut schlagen.

**Zubereitungszeit: ca. 15 Minuten**

- **Ausreichende Menge für Nuss-Möhren-Torte, S. 22**

  190 g Süßrahmbutter (weich)

  300 g Frischkäse

  450 g Puderzucker

  1 TL Vanille-Essenz (Rezept S. 96) oder ½ TL gemahlene Vanilleschote

# FRISCHKÄSE-BUTTERCREME

▌ Mit einem Rührgerät die Butter ein paar Minuten gut schlagen, bis sie etwas heller geworden ist.

▌ Frischkäse dazugeben und weiterschlagen. Puderzucker durchsieben und mit der Vanille zur Butter-Käse-Mischung geben und gut verrühren.

**TIPP:** Wenn man ein dunkles Aroma dazugibt, verändert sich die Farbe. Wer also eine weiße Buttercreme haben möchte, sollte ein klares Aroma oder gar keins dazugeben.

# SCHWEIZER VANILLE-BUTTERCREME

Im Gegensatz zu normaler Buttercreme ist Schweizer Buttercreme weicher, weißer, seidiger und lässt sich viel besser streichen. Sie hat aber ihren Preis: Die Zubereitung ist etwas schwieriger, macht aber Spaß. Darüber hinaus hat sie den Vorteil, dass sie nicht so extrem süß ist wie herkömmliche Buttercreme. Die seidige Konsistenz kommt von der Baiserbasis dieser Buttercreme.

▌ Zuerst das Eiweiß mit dem Zucker in eine hitzebeständige Schüssel geben. Dann über einem Wasserbad leicht erhitzen und mit einem Schneebesen leicht verrühren, bis der gesamte Zucker aufgelöst ist. Am besten mit einem Thermometer (siehe auch S. 11) messen: die Mischung sollte nicht wärmer als 60 °C sein. Man kann aber auch mit den Fingerspitzen fühlen, ob noch Zuckerkörner vorhanden sind. Die noch warme Eiweißmischung auf niedriger bis mittlerer Stufe schaumig schlagen (siehe Baiser-Zubereitung S. 76).

▌ Die Vanille dazugeben und kurz unterrühren. Die weiche Butter in die Eiweißmischung schlagen. Wenn es gelingt, kann man die Creme gleich in einen Spritzbeutel füllen und benutzen.

▌ Wenn die Creme zu flüssig ist, die Schüssel kurz in den Kühlschrank stellen.

▌ Wenn die Creme gerinnt, die Schüssel nochmals über dem Wasserbad leicht erwärmen, bis die Creme am Schüsselrand etwas flüssig wird, und erneut kräftig durchschlagen.

Zubereitungszeit: **ca. 30 Minuten**

● Ausreichende Menge für eine zweischichtige Torte mit 23 cm Ø

6 Eiweiß

330 g Zucker

450 g weiche Butter

1 TL Vanille-Essenz (Rezept S. 96) oder ½ TL gemahlene Vanilleschote

**TIPP:** Bei diesem Schritt ist eine Küchenmaschine mit einem Flachrührer-Aufsatz günstig. Jedes Mal, wenn ich es mit dem Schneebesen-Aufsatz oder Handrührgerät versucht habe, ist die Creme geronnen. Wer keinen Flachrührer-Aufsatz hat, sollte einen Holzlöffel benutzen oder die Butter mit einem Handrührgerät in die Eiweißmischung schlagen.

# Karamellcreme

Dieser cremige Zuckergenuss ist extrem vielseitig: Man kann Karamell als Füllung benutzen, als Glasur, in andere Cremes mischen oder auf Cupcakes träufeln.
Und die ganz hoffnungslos Naschsüchtigen löffeln es einfach warm aus dem Topf. Karamellcreme war mein erstes großes Erfolgserlebnis. Zucker ist nämlich eine faszinierende Zutat, und es lohnt sich mehr darüber zu wissen, um die eigenen Back-künste zu vervollkommnen. Die Herstellung einer Karamellcreme ist dafür ein erster Schritt!

**Zubereitungszeit: ca. 30 Minuten**

150 g Zucker

4 EL Wasser

50 ml Sahne

50 g Butter

1 Prise Salz

▌ Zucker und Wasser in einen dickbödigen Topf geben und bei mittlerer Hitze ständig rühren, bis sich der Zucker auflöst. Ein Zuckerthermometer in die Lösung halten, die Mischung zum Kochen bringen und so lange köcheln lassen, bis sie 175 °C erreicht.

▌ Den Topf vom Herd nehmen und Sahne und Butter dazu-geben. Vorsicht: es spritzt! Gründlich umrühren, bis sich alles gut vermischt hat. Den Topf wieder auf den Herd setzen und weiterrühren, bis die Mischung zu einer glatten Karamellcreme wird.

▌ Ein lebensmittelechtes Thermometer oder sog. Zuckerther-mometer ist für die Herstellung von Füllungen und Cremes un-entbehrlich (siehe auch S. 11).

# Lemon Curd

## (ENGLISCHE ZITRONENCREME)

Einfach alles an dieser seidigen sonnengelben Creme ist gut. Sie ist buttrig, süßsauer, von einer tollen Konsistenz – einfach „zum Reinlegen". Meine Mutter hat uns nach der Schule oft mit frischem Brot und dick darauf gestrichener, noch warmer Lemon Curd-Creme verwöhnt. Nichts, was ich backe oder koche, erinnert mich mehr an sie als diese Creme. Sie ist nicht nur perfekt auf Brot, sondern auch als Kuchen- und Torten-füllung, weil sie so dickflüssig ist. Man kann die Creme auch mit Orange, Grapefruit oder Limetten zubereiten.

Zubereitungszeit: **ca. 20 Minuten**

Saft von 2 Zitronen

abgeriebene Zitronenschale
von 2 Zitronen

3 Eier

200 g Zucker

90 g Butter

▌ Saft, Schalenabrieb, Eier und Zucker in einen dickbödigen Topf geben und auf mittlere Hitze erwärmen, bis sich der Zucker komplett aufgelöst hat.

▌ Butter dazugeben. Unter ständigem Rühren ungefähr 6 Mi-nuten kochen, bis die Mischung dickflüssig wird. Vom Herd nehmen und in ein Glas geben.

▌ Im Kühlschrank ist Lemon Curd bis zu einer Woche haltbar.

**TIPP:** Wenn man Lemon Curd als Füllung für Torten oder Kuchen benutzt, muss sie erst komplett abkühlen, bevor sie weiterverarbeitet werden kann!

# Himbeer-Coulis
## (HIMBEERPÜREE)

Zubereitungszeit: **ca. 20 Minuten**

200 g frische oder gefrorene
Himbeeren

50 g Zucker

50 ml Wasser

▌ Alle Zutaten in einen dickbödigen Topf geben und auf mittlerer Hitze zum Köcheln bringen. Etwa 15 Minuten leise köcheln, bis das Püree etwas dicker geworden ist. Vom Herd nehmen, durch ein Sieb passieren und vor dem Verbrauch komplett abkühlen lassen.

**TIPP:** Man kann das Obstpüree auch mit Rhabarber, Erdbeeren oder einer Mischung daraus variieren.

# Vanille-Essenz

Für Rezepte aller Art und sogar für Cocktails ist Vanille-Essenz die Art von Zutat, die man meiner Meinung nach immer vorrätig haben sollte. Eine Vanillenote verfeinert fast jeden Kuchen oder jede Soße und selbstgemacht ist sie immer am besten. Vanillezucker kann man genau so einfach herstellen, aber manchmal will man die Extra-Süße nicht und ich finde eine lange durchgezogene Vanille-Essenz viel schmackhafter als die industrielle Variante.

250 ml Alkohol nach Wahl (min. 40% vol.)

3 Vanilleschoten

1 Glasgefäß mit Deckel

▌ Die Schoten längs aufschneiden (bei Bedarf kann man sie auch zerstückeln, damit sie besser in das vorhandene Gefäß passen). Alkohol und Schoten in das Gefäß geben, so dass die Schoten komplett mit Alkohol bedeckt sind. Den Deckel gut zuschrauben und die Lösung einmal gut durchschütteln.

▌ Lichtgeschützt mindestens einen Monat ziehen lassen, danach kann man eine Geschmacksprobe machen und sie eventuell länger ziehen lassen.

**Bitte Folgendes beachten:**
▌ **Qualität:** Man kann jede Art von Vanilleschoten benutzen, sollte jedoch berücksichtigen, dass verschiedene Sorten verschiedene Eigenschaften haben. **Bourbon- oder Madagaskar-Vanille** hat den klassischen, robusten Geschmack, den man typischerweise mit Vanille verbindet. **Tahiti-Vanille** ist subtil fruchtig und blumig, während die **mexikanische Vanille** dazu neigt, glatt und würzig zu schmecken.

▌ Obwohl die **Grad A-** oder **Gourmet-/Primier-Vanilleschoten** eigentlich zum Kochen und Backen die besten sind, eignen sich zur Herstellung von Vanille-Essenz eher Vanilleschoten mit **Grad B** oder **Essenz-Grad,** weil sie einen niedrigeren Feuchtigkeitsgehalt haben.

**Alkohol:** Wodka hat den neutralsten Geschmack, aber man kann auch Bourbon, Branntwein oder Rum benutzen und damit der Essenz eine leicht andere Note geben. Es braucht auch kein sehr hochwertiger Alkohol sein, ein günstiger 40%-iger Schnaps oder Rum reicht vollkommen aus.

# Schokoladen-Ganache

Zubereitungszeit: **ca. 25 Minuten**

150 g Zartbitterschokolade

25 g Butter

1 Prise Salz

250 ml Sahne

▌ Die Schokolade in kleine Stücke brechen und mit Butter und Salz in einer Schüssel zur Seite stellen.

▌ Die Sahne in einem Wasserbad bei mittlerer Hitze vorsichtig erwärmen. Die Sahne darf nicht kochen, sobald sich kleine Blasen am Schüsselrand bilden, sollte sie warm genug sein.

▌ Die warme Sahne über Schokolade und Butter geben und so lange rühren, bis die Schokolade geschmolzen ist. Wenn nötig, kurz über dem Wasserbad wärmen, aber aufpassen, dass sie nicht zu heiß wird. Vor dem Weiterverarbeiten etwas abkühlen lassen.

# Mascarpone

Wenn es einmal nicht so süß sein soll, verwende ich sehr gern Mascarpone als Buttercreme-Ersatz.

Zubereitungszeit: **ca. 10 Minuten**

250 g Mascarpone

1 EL Espresso

3 EL Ahornsirup

## ESPRESSO-MASCARPONE

▌ Alle Zutaten in einer Schüssel gut vermengen und auf Kuchen oder *Crumpets* (siehe S. 52) auftragen. Je nach Bedarf weiter mit Espresso verstärken oder mit Ahornsirup versüßen.

250 g Mascarpone

2 EL Holundersirup

## HOLUNDER-MASCARPONE

▌ Alle Zutaten in einer Schüssel gut vermengen und auf Kuchen oder *Crumpets* (siehe S. 52) auftragen. Je nach Bedarf weiter versüßen.

DAS WAHRE SAHNEHÄUBCHEN:

Dekoration

# Obst

Ich liebe Kuchen, von dem jeder Teil essbar ist – auch die Dekoration. Obst ist ideal als Dekor, weil es nicht nur den Geschmack des Kuchens ergänzen kann, es verleiht auch Farbe und Stimmung und lässt die Oberfläche eines Kuchens dynamischer wirken.

## BITTE ABER UNBEDINGT BEACHTEN, DASS

▌ das Obst gut gewaschen oder gar nicht mit Pestiziden behandelt worden ist.

▌ das Obst frisch ist. Besonders bei Beeren kommt es vor, dass eine heimlich schimmelt.

▌ das Obst gut sitzt. Besonders wenn man den Kuchen transportieren möchte, ist es ungünstig, wenn unterwegs alles abfällt. Um das zu vermeiden, kann man mit Zahnstochern größere Obststücke befestigen – nur nicht vergessen, sie vor dem Verzehr des Kuchens wieder zu entfernen!

# Essbare Blüten

Ich habe fast immer Blumen zuhause, weil ich denke, dass es nichts gibt, was ein Zimmer mehr aufheitert. Gerade in der Küche liebe ich eine Vase mit Blumen, die ich beim Arbeiten anschauen kann. Dank Treibhäusern können wir das ganze Jahr alle Blumensorten haben, aber ich bevorzuge saisonale Blumen, auch der Umwelt zuliebe. Und es gibt ja nichts Schöneres, als im Sommer die Blumen aus dem Garten oder vom Balkon in der Küche zu haben – und auch zu verwenden.

Denn: Meine Torten verziere ich gern mit Blüten. Frische Blüten sind weniger aufwändig als Zuckerblumen und bringen mehr Leben in die Torte. Die verwendeten Blüten müssen nicht unbedingt essbar sein (wenn nicht, bitte unbedingt die Gäste darauf hinweisen), doch auf keinen Fall giftige Blüten verwenden! Wer keinen eigenen Garten hat und sich somit bezüglich Herkunft und Aufzucht nicht sicher ist, sollte beim Floristen die gewünschten Blumen bestellen – und unbedingt darauf achten, dass es unbehandelte Blumen sind.

# Kandierte Blüten

**Zubereitungszeit: ca. 30 bis 45 Minuten + Zeit zum Trocknen**

1 Eiweiß (verquirlt mit ein paar Tröpfchen Wasser)

30 g weißer, feiner Zucker

essbare Blüten (Rosenblütenblätter, Stiefmütterchen, Veilchen, Primel eignen sich gut)

▌ Ein Stück Backpapier auf ein Backblech legen. Mit einem weichen Pinsel die Blütenblätter vorn und hinten mit Eiweiß bedecken und anschließend mit Zucker bestreuen. Die Blüten zum Trocknen auf das Backblech legen. Bei Zimmertemperatur über Nacht trocknen lassen.

▌ Am besten danach sofort verwenden.

# Blüten-Eiswürfel

Um Sommerdrinks und Cocktails noch attraktiver zu machen, kann man beliebige essbare Blüten oder Kräuter in einer Eiswürfelform mit Wasser einfrieren.

Folgende Blüten sind für Dekorationszwecke geeignet:

- **Apfelblüten**

  Blütezeit: Mai bis Juni

  Farbe: Weiß

- **Borretsch**

  Blütezeit: Sommer bis Herbst

  Farbe: Blau-Lila

- **Dahlien**

  Blütezeit: Juli bis November

  Farbe: Gelb, Lila, Pink, Orange, Rot, Weiß, Rosa

- **Erdbeerblüte**

  Blütezeit: Mai bis Juni

  Farbe: Weiß

- **Flammenblume**

  Blütezeit: Sommer bis Herbst

  Farbe: weiß, lila, rosa, rot

- **Flieder**

  Blütezeit: Mai bis Juni

  Farbe: Lila

- **Gänseblümchen**

  Blütezeit: März bis November

  Farbe: Weiß

- **Hibiskus**

  Blütezeit: Juli bis September

  Farbe: Rot, Orange, Weiß

- **Holunder**

  Blütezeit: Mai bis Juni

  Farbe: Weiß

- **Kapuzinerkresse**

  Blütezeit: Juni bis Oktober

  Farbe: Weiß, Gelb, Orange, Rot

- **Kornblumen**

  Blütezeit: Juni bis September

  Farbe: Blau

- **Lavendel**

  Blütezeit: Juni bis August

  Farbe: Lila

- **Löwenzahn**

  Blütezeit: April bis Mai

  Farbe: Gelb

- **Mohn**

  Blütezeit: Mai bis Juli

  Farbe: Rot

- **Nachtkerze**

  Blütezeit: Juni bis September

  Farbe: Gelb, Rosa

- **Primel**

  Blütezeit: Frühjahr

  Farbe: Gelb, Lila, Rot, Pink, Blau

- **Ringelblumen**

  Blütezeit: Juni bis Oktober

  Farbe: Orange

- **Rosen**

  Blütezeit: Mai bis September

  Farbe: Weiß, Gelb, Orange, Rot, Rosa, Lila

- **Stiefmütterchen**

  Blütezeit: Mai bis Oktober

  Farbe: gemischt Lila, Gelb, Rot, Weiß

- **Taglilien**

  Blütezeit: Juli bis August

  Farbe: Blau, Rot, Gelb, Weiß

- **Veilchen**

  Blütezeit: März bis April

  Blütezeit: gemischt Lila, Blau, Gelb

# Glanzpuder

Für etwas mehr Kontrast oder Schimmer auf Kuchen oder Torten ist Glanzpuder (oder Glanzstaub) ein schönes Extra. In Backzubehör-Läden und im Online-Handel gibt es Glanzpuder mittlerweile in jeder erdenklichen Farbe. Ich puste manchmal gern etwas Gold-Glanzpuder über einen mit Schokoladen-Ganache bedeckten Kuchen (siehe z. B. meine Schokotorte, Rezept S. 26), um ihn etwas edler aussehen zu lassen. Beeren und anderes Obst kann man auch vergolden, um das Gebäckstück etwas zu verfeinern und ihm eine andere Aussage zu geben. Vor allem aber macht es Spaß, mit Glanzpuder zu experimentieren und damit neue Dekorationsideen auszuprobieren.

Tipp: Ich habe eine kleine Pumpe mit Goldfarbe, man kann die Farbe aber auch mit einem dicken Pinsel auf die trockene Ganache auftragen.

# Glitzer

Ähnlich wie bei Glanzpuder gibt essbarer Glitzer der Torte etwas Kick. Gold glänzende "Diskokugel-Kirschen" als Deko für Cupcakes oder in Lila und Silber schimmernde Lebkuchen-Männchen sind nur zwei Beispiele, wie ich damit gespielt habe. Ich liebe diesen Glitzer und finde es spannend, mit der Grenze zum Kitsch zu kokettieren. Auch Glitzerstaub ist in vielen Farben in speziellen Läden oder im Online-Handel erhältlich.

# Zuckerblüten

Zuckerblüten werden aus Modellierpaste gemacht. Diese besteht grundsätzlich aus den gleichen Zutaten wie Fondant (siehe S. 120), ist aber elastischer und kann sehr dünn ausgerollt werden. Sie wird meistens benutzt, um Blumen, Blätter und andere feine Dekorationselemente zu kreieren. Man erhält sie in jedem Backzubehör-Laden oder online. Wenn die Dekoration trocknet, wird sie in der Optik glatt und matt, erinnert ein wenig an Porzellan. Ich liebe die zarte Ästhetik von Zuckerblüten und möchte als Einführung eine ganz einfache Variante zeigen.

**Zubereitungszeit: ca. 35 Minuten + Trockenzeit**

## ZUCKER-HORTENSIE

Stärke oder Ausrollpulver

Modellierpaste

## WERKZEUG

1 Silikonmatte

1 Hortensien-Ausstechform (Online oder im Backzubehörladen erhältlich)

1 Silkonrollholz

1 Ballwerkzeug

1 Veiner Stick

Plastikfolie

leerer Eierkarton

▮ Etwas Stärke auf die Silikonmatte streuen und darauf die Modellierpaste kurz durchkneten, um die Masse geschmeidig zu machen.

▮ Die Paste zu einer Scheibe formen. Mit dem Silikonrollholz ausrollen.

▮ Die Scheibe immer wieder ein wenig über der Stärke drehen, damit sie nicht an der Matte kleben bleibt und so lange rollen, bis sie etwa 2 mm dünn ist.

▮ Mit der Ausstechform Blüten ausstechen. Darauf achten, dass der Knopf in der Mitte runtergedrückt wird. Dieser druckt die Blumenblattnerven auf die Modellierpaste.

▮ Immer wenn mehrere Blüten ausgestochen sind, diese unter eine Plastikfolie legen, denn Modellierpaste trocknet wie Fondant sehr schnell aus. Wenn man die Blüten noch bearbeiten möchte, brauchen sie die Plastikfolie als Schutz.

>>>

>>>

>>>

▌ Mit dem Ballwerkzeug die Blütenblätter etwas ausrunden. Die Blüten werden dadurch noch ein wenig dünner und wirken etwas echter.

▌ Die feine Struktur der Blütenblätter kann durch das Ausrunden etwas verschwinden. Wenn gewünscht, einfach mit dem Ausstecher die Blätter noch einmal vorsichtig bearbeiten, um der Oberfläche mehr Struktur zu geben.

▌ Zum Schluss die Blüten in die Eierkartons drücken, ohne dass sie sich berühren, und 24 Stunden trocknen lassen. Sie halten mehrere Monate.

Keiner kann es einem wirklich beibringen, wie man Torten gestaltet. Ich habe es mir selbst beigebracht und am Anfang meiner „Lehrzeit" ein paar wahrlich hässliche Kuchen produziert. Spaß hat es aber immer gemacht. Und das ist das Wichtigste! Im Übrigen haben auch die hässlichen Kuchen gut geschmeckt.

Ich begann damit, Torten von Fotos nachzubilden und so entwickelte sich langsam mein eigener Stil. Wie bereits gesagt habe ich fast immer Blumen zuhause. Irgendwann habe ich sie auch für meine Backwerke genutzt, genauso Obst, Nüsse oder sogar Kräuter.

Ich weiß, dass viele Bäcker entweder heiße Befürworter oder absolute Gegner von mit Fondant gedeckten Torten sind. Das gilt auch für frische Blüten versus Zuckerblüten auf Torten. Meiner Meinung nach sind alle Varianten schön und haben je nach Torte und Anlass ihre Berechtigung.

Mit Fondant bedeckte Torten bieten oft mehr Eleganz und Formalität. Wenn man also für eine Hochzeit, Taufe oder zum runden Geburtstag etwas backen will, ist Fondant vielleicht die richtige Wahl. Das Gleiche gilt für Zuckerblüten. Fondant oder Zuckerblüten in schlichter, einfacher Form sind aber auch ein tolles Gestaltungsmittel zu einem eher lockeren Anlass; genauso passend können simple Buttercreme-Torten oder *Naked Cakes* für wichtige Anlässe sein. Es ist nur wichtig zu wissen, was man will.

Wer sich unsicher ist, sollte ein paar Bücher durchstöbern, Bilder anschauen und sich zwei, höchstens drei Favoriten aussuchen. Dann sollte man versuchen herauszufinden, was einem besonders an diesen Torten gefällt: Ist es das Rustikale, Edle, Lässige? Sind es die Farben oder die Kontraste: herbstliche Farben, Beerentöne, Schokolade- und Gold-Kontrast? Ist es die Form: hohe schmale Torte oder Stockwerkkuchen mit breiten Stufen, wo viel Dekoration draufpasst? Anhand dieser Kriterien sollte man versuchen, die eigene Torte zu kreieren.

Dabei sollte man vor allem Folgendes beachten:

## Stockwerke & Höhe:

Das ist nicht dasselbe! Man kann eine zweistöckige Torte backen, die einen halben Meter hoch ist und eine relativ flache Torte mit vier Stockwerken. Bei manchen Torten ist ein Stockwerk höher als das andere.

Bevor man beginnt, sollte man am besten eine Skizze von der Torte zeichnen, die man am Ende haben will. So bekommt man eine bessere Vorstellung, wie viele Schichten gebacken werden müssen.

Zu beachten ist, dass eine Torte etwas höher wird, wenn sie mit Buttercreme gefüllt ist. Noch wichtiger ist, dass jedes Stockwerk die gleiche Breitendifferenz zum nächsten Stockwerk hat. Wenn also das obere Stockwerk 15 cm breit ist und das zweite 20 cm, dann muss das dritte 25 cm haben, sonst sieht die Torte merkwürdig und nicht gelungen aus.

## Anordnung der Dekoration:

Das Wichtigste ist, eine gewisse Balance zu finden. Das soll nicht heißen, dass alles symmetrisch sein muss! Es muss vor allem stimmig sein. Ich finde eine ungerade Anzahl an Dekorationsmitteln in einer sporadischen Anordnung wirkt am besten.
Ich stelle mir manchmal ein schiefes Dreieck vor, wo die größten Deko-Punkte an den Ecken liegen, oder eine Spirale (siehe Skizzen).

Es hilft auch, wenn man den Ort vor Augen hat, wo der Kuchen letztendlich präsentiert werden soll. Steht er auf einem Buffet vor einer Wand? Dann wählt man eher eine Vorderseite des Kuchens und verziert ihn mit der Wirkung zu dieser Seite. Steht er eher zentral? Dann sollte man darauf achten, dass die Dekoration von jeder Perspektive ausgewogen wirkt (wie bei einem Weihnachtsbaum).

## Farben & Kontrast:

Die Buttercreme oder Fondant-Schicht bildet die Farbbasis der Torte, auf die man aufbauen kann. Zum Beispiel ist eine Vanille-Buttercreme ohne Farbzusatz noch etwas gelblich (von der Butter), manche Rottöne beißen sich dann in Kombination damit. Eine Schokotorte bietet eine schöne Kontrastbasis für metallische Elemente. Die schöne weiße Fläche einer Baiser-Buttercreme bietet viel Raum für das Spiel mit starken Farben. Aber genauso schön ist eine Mischung aus Pastellfarben.
Wer sich nicht ganz sicher ist, kann sich von der Jahreszeit leiten lassen. Man sollte versuchen, seine Farbpalette vorher zu klären, nichts ist ärgerlicher, als eine wunderschöne Torte zu backen und letztlich nicht die passende Dekoration ausgewählt zu haben.

**Am Ende ist es eine Mischung aus Inspiration, Zutaten – und dem kreativen Moment. Haben Sie Mut zum Experimentieren und vor allem haben Sie Spaß!**

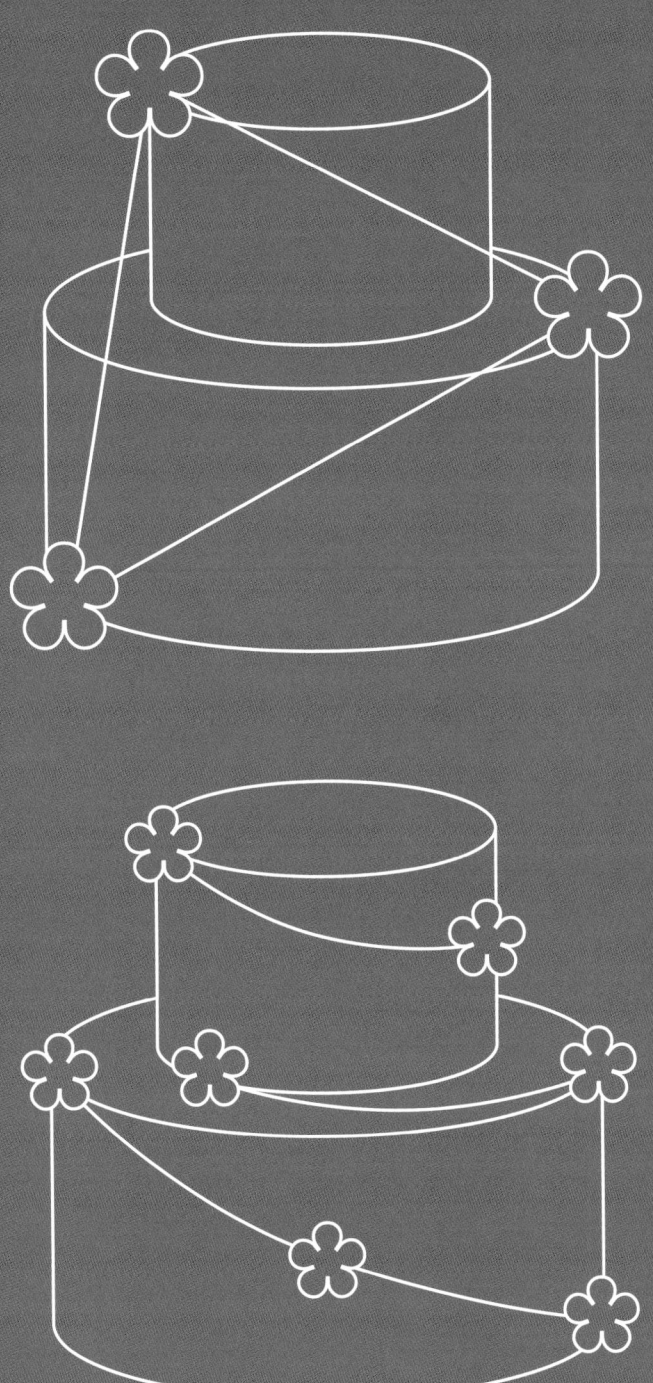

# Fondant

## SELBST GEMACHTER FONDANT

Zubereitungszeit:
**ca. 35 bis 40 Minuten + Ruhezeit**

1 Pck. gemahlene Gelatine
(9 g)

60 ml Wasser

120 ml bzw. 170 g Glukosesirup oder anderer Zuckersirup (online oder in einem Backzubehörladen erhältlich)

1 TL Glycerin (online, in einem Backzubehörladen oder auch in der Apotheke erhältlich)

1/2 TL Vanille-Essenz
(Rezept S. 96)

1/2 TL Salz

1000 g Puderzucker
(750 g gut durchsieben und in einer Schüssel zur Seite stellen, restliche 250 g aufheben)

▌ Die Gelatine mit Wasser mischen und kurz aufquellen lassen. Anschließend in einen Topf geben und bei niedriger Hitze vorsichtig erwärmen.

▌ Wenn die Gelatine vollkommen aufgelöst ist, Glukosesirup dazugeben und gut einrühren. Glycerin ebenfalls dazugeben und verrühren. Vanille-Essenz zufügen, um dem Ganzen eine Vanillenote zu geben. *Natürlich kann man auch Extrakte bzw. Essenzen für andere Geschmacksrichtungen verwenden.*

▌ 750 g Puderzucker in eine Schüssel geben, eine Mulde eindrücken und die Gelatinemasse hineingeben. Mit dem Rührgerät den Puderzucker in die Flüssigkeit einarbeiten. Wer eine Küchenmaschine hat, kann die Knethaken dafür benutzen. Es dauert etwa 5 Minuten, bis die Masse gut durchgeknetet ist. Die Schüsselränder mit einem Spatel abkratzen, um sämtlichen Puderzucker zu verarbeiten. *Irgendwann können die Geräte nicht mehr weiterhelfen, dann geht es von Hand weiter.*

▌ Den restlichen Puderzucker auf eine saubere, kühle, trockene Arbeitsfläche streuen. Die Masse auf den Puderzucker geben und den Puderzucker in die Masse kneten. Etwa 10 Minuten kneten, bis der ganze Puderzucker verarbeitet und eine homogene Masse entstanden ist.

▌ Die Masse dann luftdicht verpacken und mindestens 24 Stunden im Kühlschrank ruhen lassen. Vor dem Verbrauch wieder 5 Minuten gut durchkneten.

▌ Den Fondant immer luftdicht und trocken lagern. Er hält etwa einen Monat.

**GEKAUFTER FONDANT:**
Rollfondant aus einem Backzubehör-Laden
ist meistens von sehr hoher Qualität.
Der Fondant aus dem Supermarkt ist oft
qualitativ schlechter. Der Preisunterschied ist
gewaltig, guter Fondant ist teuer. Darum ist mir
selbstgemachter Fondant manchmal lieber.
Am besten probieren Sie ein paar Sorten aus
und entscheiden dann selbst.
Guter Fondant lässt sich dünn ausrollen,
ist schön elastisch und zieht nicht
so viel Feuchtigkeit an.

ALLES ZUM

# Tortenbau

# WIE BACKE ICH EINEN FLACHEN KUCHEN?

Wenn man Kuchen bäckt, entsteht oft in der Mitte des Kuchens eine Spitze oder Wölbung. Die Ursache dafür ist, dass der Rand des Kuchens schneller bäckt als die Mitte, der Teigrand hat nicht so viel Zeit aufzugehen, bevor die Hitze die Struktur festigt. Der Teig in der Mitte entgegen hat mehr Zeit aufzugehen, so entsteht die Spitze bzw. Wölbung. Weil man für eine Torte aber eine flache Ebene braucht, vor allem, wenn man mehrere Böden aufeinanderstapelt, muss diese Wölbung weg und viel kostbarer Kuchen geht dadurch verloren. Um das zu vermeiden, habe ich ein paar Tipps:

- Die Ofentemperatur etwas minimieren. Die ideale Temperatur ist von Ofen zu Ofen unterschiedlich, man kann die für seinen Ofen mit etwas Übung herausfinden. Zunächst einmal versuchen, bei 170 °C statt 180 °C zu backen. Ergebnisse vergleichen.

- Mein Gefühl sagt mir, dass ich bessere Ergebnisse erziele, wenn ich hochwertige Backformen benutze. Es müssen nicht die teuersten sein, aber es sollten auch nicht die billigsten sein. Aus Erfahrung kann ich auf jeden Fall bestätigen, dass hochwertige Backutensilien länger halten.

- Die besten Ergebnisse habe ich, wenn ich nasse Tücher um meine Backform wickle. In den USA kann man sogar *Cake Strips* kaufen, die man mit kaltem Wasser durchnässt und mithilfe eines Klettverschlusses um die Backform befestigt. Ich habe einfach alte Küchentücher halbiert und lege diese durchnässt und mit Klammern befestigt um meine Backform. Durch das Wasser kommt natürlich viel Feuchtigkeit in den Ofen und die Kuchenoberfläche sah etwas anders aus, aber die Wölbung war fast nicht zu sehen – und ich war daher sehr zufrieden mit dem Ergebnis.

# WIE FÜLLE ICH EINEN SPRITZBEUTEL?

## MAN BRAUCHT

Buttercreme (oder Baiser-, Mascarpone-Masse etc.) zum Spritzen

Silikonspatel

Spritzbeutel mit passender Tülle

▌ Mit dem Spatel eine gute Menge Buttercreme aufnehmen und in den Spritzbeutel pressen. Diesen Vorgang wiederholen und dabei darauf achten, dass keine Luft zwischen jeden vollen Spatel kommt.

▌ Genug Buttercreme hineingeben, damit man nicht zu oft nachfüllen muss, aber wiederum nicht so voll, dass der Spritzbeutel so schwer ist, dass man nicht damit arbeiten kann.

▌ Spritzbeutel auf eine Arbeitsfläche legen und die Buttercreme mit der Handkante fest in Richtung Tülle drücken.

▌ Dann die offene Seite fest zudrehen. Buttercreme rausspritzen, indem man einfach mit konstantem Druck weiter zudreht.

# WIE SCHNEIDE ICH EINEN KUCHEN FLACH DURCH?

## MAN BRAUCHT

1 Tortenboden

1 Lineal

4 Zahnstocher

1 Brotmesser

▎ Mit dem Lineal den niedrigsten Randpunkt auf dem Kuchenboden abmessen.

▎ An dieser Stelle an vier Punkten um den Kuchenboden die Zahnstocher reinstechen.

▎ Mit dem Brotmesser die Rundung des Kuchens oberhalb der Zahnstocher abschneiden.

# WIE BESTREICHE ICH MIT BUTTERCREME? / WIE FÜLLE ICH EINE TORTE?

## MAN BRAUCHT:

Kuchenboden

Spritzbeutel mit Buttercreme

Füllung

Streichmesser

Kuchenschaber

Pappkarton

Bleistift

Schere

Kuchenform vom Kuchenboden

▌ ACHTUNG: Wenn man mehrere Schichten baut und bestreichen möchte, ist es wichtig, dass jede Schicht (auch die unterste) einen Kartonboden hat. Diese Böden kann man im Backzubehör-Laden oder Online-Handel kaufen, aber ich schneide sie lieber selbst zurecht. Es ist günstiger und ich weiß, dass sie genau passen.

1. Die Kuchenform über den Pappkarton setzen und mit einem Bleistift innen einen Kreis auszeichnen und ausschneiden.

2. Den Tortenboden und Kartonkreis auf eine Oberfläche legen, wo man alles gut bearbeiten kann.

3. Mit einem Butter- oder Streichmesser eine leichte Schicht Buttercreme auf die Oberfläche streichen. Dies nennt sich Krümelschicht, sie fängt die Krümel auf, damit man eine saubere Füllung beim Durchschneiden hat. Sie verhindert auch, dass die Füllung in den Kuchenboden sickert.

4. Mit dem Spritzbeutel jetzt einen Kreis Buttercreme um den Rand spritzen. Er dient als Barriere für die Füllung.

5. Anschließend die Füllung hineinlöffeln. Achtung, nicht überfüllen!

6. Den zweiten Kuchenboden auf den ersten platzieren. Darauf achten, dass die Ränder direkt übereinander liegen.

> > >

>>>

7. Punkt 1 bis 6 für jeden weiteren Boden wiederholen.

8. Zum Schluss eine Spirale auf die Oberfläche des Kuchens spritzen und mit einem Streichmesser glatt streichen.

9. Mit einem Butter- oder Streichmesser erst eine dünne Krümelschicht auf den Kuchenrand streichen, dann eine dickere Schicht anbringen.

10. Zuletzt die Buttercreme mit einem Kuchenschaber glatt streichen.

# WIE DECKE ICH EINE TORTE MIT FONDANT EIN?

## MAN BRAUCHT:

Fondant (Zimmertemperatur)

Silikonmatte

Stärke oder Ausrollpulver

Silikonausrollholz

Kuchen mit Buttercreme verziert

spitze Messer

2 Fondantglätter

▌ Fondant mit der Hand geschmeidig kneten. Durch die Handwärme wird er gut verarbeitungsfähig. Den Fondant zu einer dicken Scheibe formen.

▌ Etwas Stärke oder Ausrollpulver über die Silikonmatte streuen und gleichmäßig verteilen.

▌ Die Fondantscheibe mit dem Silikonrollholz gleichmäßig ausrollen und das Rollholz immer wieder drehen, so dass eine gleichmäßige, ca. 2 bis 3mm dicke Scheibe entsteht. Die Scheibe vorsichtig auf das Rollholz aufrollen.

▌ Den Fondant über die Torte legen. Darauf achten, den Fondant mittig zu platzieren.

**Tipp:** Der Fondant muss groß genug sein, um die gesamte Torte abzudecken. Das heißt: Der Durchmesser der Fondantscheibe muss zweimal die Höhe und einmal den Durchmesser des Kuchens abdecken.
Beispiel: Der Kuchen hat 20 cm Durchmesser und ist 8 cm hoch, so muss der Fondant mindestens 20 cm + 8 cm + 8 cm sein, also 36 cm Durchmesser haben.

▌ Mit den Händen den Fondant an den oberen Kanten leicht andrücken und möglichst schnell arbeiten, weil das Gewicht des Fondants kleine Risse an den Kanten verursachen könnte.

▌ Mit einer Handkante (Finger hinterlassen Abdrücke!) den Fondant von oben nach unten streichen. Wo er Wellen schlägt, den Fondant vorsichtig auseinanderziehen und erneut probieren.

▌ Die Torte drehen und weiter arbeiten, bis der Fondant überall glatt anliegt.

▌ Liegt der Fondant rundherum gleichmäßig an der Torte an, mit einem scharfen Messer den übrigen Fondant ca. 2 bis 3 mm von der Torte entfernt abschneiden.

▌ Mit zwei Fondantglättern zuerst die Oberseite der Torte und dann die Seiten mit kreisförmigen Bewegungen glatt streichen. Hilfreich wäre eine Drehplatte, auf der die Torte steht. Es geht aber auch ohne, solange man gut an alle Seiten herankommt. Es ist auch wichtig, zwei Glätter gleichzeitig zu benutzen, da der eine die Torte stabilisiert, während man mit dem anderen glättet. Dadurch entstehen keine Druckstellen.

**Tipp:** Man braucht viel Übung, um eine fehlerfreie Fondantoberfläche hinzukriegen. Wenn doch ein paar Risse oder Wellen entstehen, hilft umfassendes Glätten und zur Not einfach eine Zuckerblume draufkleben oder Satinband umbinden.

# WIE BAUE ICH
# EINE MEHRSTÖCKIGE TORTE?

Wie wandle ich das Rezept um?

▮ Es gibt keine absolute Regel, wenn man ein Rezept für eine andere Backformgröße abwandeln möchte. Manche benutzen sogenannte Konvertierungs-Seiten im Internet, die das eingegebene Rezept für die gewünschte Backformgröße umrechnen, aber ich bleibe lieber bei dem Rezept, wie ich es kenne. Es ist ratsam, Backformen nie mehr als zu 2/3 mit Teig zu füllen und diese Faustregel hat mir immer gut geholfen.

▮ Für die Torte im Bild rechts habe ich das Vanille-Biskuit-Rezept (S. 18) verwendet. Das untere Stockwerk ist wie im Rezept vorgegeben, für das obere habe ich das gleiche Rezept auf drei Backformen mit 15 cm Ø verteilt.

▮ Für die Schokoscherben-Torte (S. 82) habe ich die Orientalische Torte für das obere Stockwerk nach Rezept gebacken (S. 40), für das untere Stockwerk die doppelte Menge zubereitet und auf zwei Backformen mit 24 cm Ø verteilt.

**ACHTUNG:** Die Backzeiten muss man entsprechend der Backformen anpassen. Mehr Teig benötigt eine längere Backzeit.

Wie bekommt die Torte den nötigen Halt?

▮ Dass mehrstöckige Torten Tortenstützen brauchen, hat mich zunächst sehr verwundert. Stöcke in meiner Torte? Nein danke! Ich habe es ohne probiert – und siehe da, der untere Kuchenboden konnte das Gewicht des oberen nicht halten.

▮ Ohne Tortenstützen sinken die oberen Stockwerke in die unteren. Im besten Fall wird die Torte schief, im schlimmsten Fall kippt sie um. Die Tortenstützen geben der Torte die nötige Stabilität, um alle Stockwerke zu halten.

> > >

## FÜR EINE ZWEISTÖCKIGE TORTE BRAUCHT MAN:

2 mit Creme bestrichene Tortenböden auf Kartonböden

3 – 4 Tortenstützen aus Kunststoff oder Bambus

Schere

Stift

▌ In der Mitte des unteren Kuchenbodens, und zwar innerhalb des Bereichs, wo der obere Kuchenboden aufgesetzt werden soll, die erste Tortenstütze gerade halten, in den Kuchen stecken und bündig mit der Oberfläche die Höhe markieren.

▌ Die Tortenstütze vorsichtig herausziehen und an der markierten Stelle kürzen. Dann 3 bis 4 gleich lange Tortenstützen schneiden. Die gekürzten Tortenstützen in den unteren Kuchenboden stecken und den oberen Kuchenboden vorsichtig darauf platzieren.

▌ Für weitere Stockwerke wiederholen. Am besten alle Kuchenböden erst mit Tortenstützen stabilisieren und dann aufeinander stapeln.

# WIE LAGERE UND KÜHLE ICH MEINE TORTE?

▌ Im Sommer bei 30 °C oder im Winter in der geheizten Wohnung kann es passieren, dass die Buttercreme zerläuft oder der Fondant schmilzt. Dagegen hilft eigentlich nur, die Torte in den Kühlschrank zu stellen. Doch im Kühlschrank besteht die Gefahr, dass die relativ hohe Luftfeuchtigkeit Kondensat auf dem Fondant bildet, die diesen dann auflöst.

▌ **Was tun?** Die Torte erst in einen passend großen Karton auf eine rutschfeste Matte stellen, mit Klebeband luftdicht alle Öffnungen schließen und dann erst im Kühlschrank lagern. Im Kühlschrank schützt der Karton vor Luftfeuchtigkeit und Gerüchen. Wenn man ihn herausnimmt, dient er als gutes Transportmittel, da sich die Luft innen langsamer aufwärmt, solange der Karton geschlossen bleibt. Wichtig ist, dass der Karton so groß ist, dass die Torte nicht die Seitenwände berührt. Einen passenden Karton bekommt man beim Umzugsladen oder auch im Internet.

▌ Wenn Ihr Kühlschrank für die oben beschriebene Art der Lagerung zu klein ist, müssen Sie mit der Bekleidung der Torte mit Fondant bis kurz vor dem Servieren warten. Wenn die Torte weit transportiert werden muss, entscheiden Sie sich vielleicht dafür, sie vor Ort „aufzubauen". Das gilt aber eigentlich nur bei extremen Temperaturen. Meistens hält der Kuchen ganz gut an einem kühlen Ort.

▌ Kuchen sollte eigentlich nicht im Kühlschrank gelagert werden, außer es ist wegen hoher Außentemperaturen zwingend nötig. Länger frisch bleiben Kuchen unter einer Haube bei Raumtemperatur.

▌ Rührkuchen lässt sich sehr gut einfrieren: Zuerst in Alu- oder Frischhaltefolie einwickeln, dann in der Gefriertruhe lagern. So ist er bis zu 5 Monate haltbar. Bei Raumtemperatur ohne Folie auftauen.

# ICH MÖCHTE NOCH DANKE SAGEN …

▌ meinen lieben Kindern Thea und William: für ihre stets ehrliche Kritik, großartige Hilfe und ihren Enthusiasmus beim Backen. You two are by far the best thing I've ever made.

▌ Konrad: für seinen Hunger nach Leben und Süßes, ich liebe dich.

▌ meinen großartigen Schwestern Nichola und Stefanie: für ihre Unterstützung bei allem, was ich tue.

▌ meinen Eltern: für ihre bedingungslose Liebe, die mich mein Leben lang so gestärkt hat.

▌ all den großartigen Menschen, die meinen Alltag bereichern und erleichtern: Johanna Faulstich, Nadine Brandt, Tobias Möller, Linda Cipowicz, Jana Layer, Rainer Petzold, Katharina Hansow, Hannes Bernard, Tessa Toerien, Emma Bestall.

▌ Christoph Hoffmann: dafür, dass er mich mit den wunderbaren Frauen beim BuchVerlag für die Frau in Verbindung gesetzt hat. Ohne diese Vermittlung wäre dieses Buch nicht entstanden.

▌ dem tollen Team beim BuchVerlag für die Frau: dafür, dass ich meine Ideen mit euch gemeinsam entwickeln konnte. Ich hatte mir den Prozess viel bürokratischer vorgestellt, aber ihr wart so entspannt. Und einen ganz besonderen Dank an denjenigen, der meine schreckliche deutsche Rechtschreibung korrigieren musste.

▌ Sara Reichwald: für ihre Fotos, ihre technische und ästhetische Unterstützung und ihre sonnige Persönlichkeit.

▌ Berta Poveda: für den Verleih einiger Küchengegenstände und ihre fröhliche Hilfsbereitschaft. Eres el mejor!

▌ Cristina Barbulescu: für die schönsten und begabtesten Hände.

▌ den netten Frauen bei LydiaTrudi: für ihre schönen Stoffe

▌ Blumenladen Freischwung: für ihre unglaublichen Blüten.

▌ and last but not least my bestie Katherine Mills Rymer for encouraging me in this and from such a distance. Underground wires!

# REZEPTVERZEICHNIS

ISBN 978-3-89798-522-3

© BuchVerlag für die Frau GmbH, Leipzig 2017

Fotos:
Helena Putsch (Titel, S. 13, 19, 21, 23, 25, 27, 29, 31, 33, 35, 37, 39, 44, 47, 49, 51, 53, 55, 60, 65, 69, 71, 72, 75, 77, 79, 83, 85, 91, 93, 95, 97, 99, 103, 105, 107, 109, 111, 113, 114, 115, 121, 125, 127, 129, 131, 133 (ausgen. Foto u. r.), 135, 137)
Sara Reichwald (S. 2, 8, 16, 41, 59, 87, 100, 117, 122, 133 u. r., 139, 143)
Colourbox.de (S. 43, 57), Paul Flemming (S. 7)

Einband, Satz, Typografie und Grafiken: Kai und Amrei Serfling, Leipzig
Druck und Bindung: Couleurs Print & More GmbH

www.buchverlag-fuer-die-frau.de